GLOSARIO PRÁCTICO DE TÉRMINOS MILITARES

Español-Ingles / Inglés-Español

Recopilación en español e inglés de más de 2.500 términos relacionados con el mundo castrense. Incluye vocabulario acerca de los rangos militares, el armamento (desde las armas convencionales a los más modernos sistemas de misiles) o el argot básico del servicio militar.

Además, este glosario contiene los principales acrónimos referidos tanto a expresiones militares como a tratados u organismos internacionales y se ofrece una completa lista de términos generales relacionados con la guerra y la paz.

A PRACTICAL GLOSSARY OF MILITARY TERMS

Spanish-English / English-Spanish

Compilation in Spanish and English of more than 2,500 terms related to the military world. It includes vocabulary about military ranks, weaponry (from conventional weapons to the most modern missile systems) or the basic jargon of the military service.

In addition, this glossary contains the essential acronyms referring both to military expressions as to international organizations or treaties, as well as a complete list of general terminology related to war and peace.

PARTE I: ESPAÑOL-INGLÉS

4GW (guerra de cuarta generación)	4GW (Fourth-Generation Warfare)
A flote	Afloat
AA (Aire-Aire)	AA (Air-to-Air)
AAA (artillería antiaérea)	AAA (Anti-Aircraft Artillery)
AAFES (servicio de intercambio del ejército y de la fuerza aérea)	AAFES (Army and Air Force Exchange Service)
AAM (misil aire-aire)	AAM (Air-to-Air Missile)
AAN (Asamblea del Atlántico Norte)	NAA (North Atlantic Assembly)
AAW (guerra aérea)	AAW (Anti-Air Warfare)
AAWS-M (sistema avanzado de armas antitanque mediano)	AAWS-M (Advanced Anti-tank Weapon System-Medium)
Abastecimiento (suministros)	Supplies
ABL (láser aerotransportado)	ABL (Airborne Laser)
Ablandar	To soften up
ABM (misil antibalístico)	ABM (Anti-Ballistic Missile)
Abordaje	Boarding
Abrir fuego	To open fire
Academia de infantería	Infantry academy
Academia militar	Military academy
Acampar	To camp
Acantonamiento	Cantonment
ACC (comando de combate aéreo)	ACC (Air Combat Command)
ACCHAN (Mando Aliado del Canal)	ACCHAN (Allied Command Channel)
Accidente	Accident (crash)
Acción de represalia	Retaliatory action
ACCS (mando aéreo y control)	ACCS (Air Command and Control System)
ACE (Mando Aliado de Europa)	ACE (Allied Command Europe)
ACENET (Red de Mando Aliado de Europa)	ACENET (Allied Command Europe Network)
ACINF (Academia de Infantería)	ACINF (infantry academy)
ACLANT (Mando Aliado Atlántico)	ACLANT (Allied Command Atlantic)
ACNUR (Alto Comisionado de las Naciones Unidas para los Refugiados)	UNHCR (United Nations High Commissioner for Refugees)
ACO (Mando Aliado de Operaciones)	ACO (Allied Command Operations)
Acorazado (buque de guerra blindado)	Battleship
Acorazado/a (blindado/a)	Armoured (armored)
Acorazar	To armour (to armor)

Acrobacia aérea	Aerobatics
Activos militares (recursos militares)	Military assets
ACU (uniforme de combate del ejército)	ACU (Army Combat Uniform)
Acuartelamiento	Barrack block
Acuerdo de paz	Peace agreement
ACV (vehículo blindado de combate)	ACV (Armoured Combat Vehicle)
ADAMS (Sistema para el Despliegue y Movimientos Aliados)	ADAMS (Allied Deployment and Movement System)
ADM (armas de destrucción masiva)	WMD (weapons of mass destruction)
AEMET (Agencia Estatal de Meteorología)	AEMET (Spanish meteorological agency)
AEN (Agencia para la Energía Nuclear)	NEA (Nuclear Energy Agency)
Aerodeslizador	Hovercraft
Aeródromo (campo de aviación)	Airfield
Aeronave	Aircraft
Aeronave de reconocimiento	Reconnaissance aircraft
Aeropuerto	Airport
Aerotransportado/a	Airborne
AESA (radar de barrido electrónico activo)	AESA (Active Electronically Scanned Array)
AEW (alerta temprana aerotransportada)	AEW (Airborne Early Warning)
AEW&C (alerta temprana y control aerotransportado)	AEW&C (Airborne Early Warning and Control)
AFCENT (Fuerzas Aliadas Centro de Europa)	AFCENT (Allied Forces Central Europe)
AFNORTH (Fuerzas Aliadas en Europa Septentrional)	AFNORTH (Allied Forces Northern Europe)
AFNORTHWEST (Fuerzas Aliadas en el Noroeste de Europa)	AFNORTHWEST (Allied Forces Northwest Europe)
AFRICOM (Mando estadounidense para África)	AFRICOM (United States Africa Command)
AFSOUTH (Fuerzas Aliadas en el Sur de Europa)	AFSOUTH (Allied Forces Southern Europe)
AFV (vehículo blindado de combate)	AFV (Armoured Fighting Vehicle)
AG (aire-tierra)	AG (Air-to-Ground)
Agallas (valentía, coraje)	Guts
Agencia de inteligencia	Intelligence agency
Agencia de Seguridad Nacional (NSA)	National Security Agency (NSA)
Agencia Espacial Europea (ESA)	European Space Agency (ESA)
Agencia Internacional de Energía Atómica (AIEA)	International Atomic Energy Agency (IAEA)
Agencia para la Energía Nuclear (AEN)	Nuclear Energy Agency (NEA)
Agente doble	Double agent
Agente químico	Chemical agent
Agente secreto/a (agente encubierto/a)	Secret agent (undercover agent)
AGM (misil aire-tierra)	AGM (Air-Ground Missile)
AGMIL (Agregado Militar)	MA (Military Attaché)
AGNU (Asamblea General de las Naciones Unidas)	UNGA (United Nations General Assembly)
Agregado de Defensa	Defence Attaché

Agregado Militar (AGMIL)	Military Attaché (MA)
Agregado naval	Naval attaché
Agrupación de apoyo logístico	Logistics Support Area (LSA)
Agrupación táctica	Task force
AI (Amnistía Internacional)	AI (Amnesty International)
AIEA (Agencia Internacional de la Energía Atómica)	IAEA (International Atomic Energy Agency)
Aim High … Fly-Fight-Win (apuntar alto… volar, luchar, ganar)	Aim High … Fight, Fly, Win (the motto of the U.S. Air Force)
AIP (propulsión independiente de aire)	AIP (Air-Independent propulsion)
AIRCOM (Mando Aéreo Aliado)	AIRCOM (Allied Air Command)
Aire-aire (AA)	Air-to-air (AA)
Aire-tierra (aeroterrestre)	Air-to-ground (AG)
AIT (entrenamiento individual avanzado)	AIT (Advanced Individual Training)
AJEMA (Almirante Jefe de Estado Mayor de la Armada)	AJEMA (Spain's Admiral Chief of Staff)
Ala (ala de un avión)	Wing (aircraft wing)
Alambre de púas (alambre espino)	Barbed wire
ALBM (misil balístico lanzado desde el aire)	ALBM (Air-Launched Ballistic Missile)
Alcance (distancia, autonomía)	Range
Alcance de un arma	Range of a weapon
Alcázar (ciudadela, fortaleza, castillo)	Fortress (citadel, castle)
ALCM (misil de crucero lanzado desde el aire)	ALCM (Air-Launched Cruise Missile)
Alerta temprana (EW)	Early warning (EW)
Alerta temprana aerotransportada (AEW)	Airborne Early Warning (AEW)
Alerta temprana y control aerotransportado (AEW&C)	Airborne Early Warning and Control (AEW&C)
Alférez	Ensign (Second Lieutenant)
Alférez de fragata	Midshipman
Alférez de navío	Sub-Lieutenant
Aliado estratégico	Strategic ally
Aliado estrecho (aliado cercano)	Close ally
Aliado poderoso	Powerful ally
Aliado/a (adj.)	Allied
Aliado/a (sust.)	Ally
Alianza	Alliance
Alianza militar	Military alliance
Aliar	To ally
Alistarse a la armada	To join the navy
Alistarse al ejército	To join the army
Almirante	Admiral
Almirante de la flota	Admiral of the fleet
Almirante General	General Admiral
Almirante jefe	Admiral-in-Chief
Almirante Jefe de Estado Mayor de la Armada (AJEMA)	Spain's Admiral Chief of Staff (AJEMA)

ALO (oficial de enlace aéreo)	ALO (Air Liaison Officer)
Alto Comisionado de las Naciones Unidas para los Refugiados (ACNUR)	United Nations High Commissioner for Refugees (UNHCR)
Alto Comisionado de Naciones Unidas para los Refugiados (UNHCR)	United Nations High Commissioner for Refugees (UNHCR)
Alto el fuego	Ceasefire (stand-down)
Alto explosivo	High explosive (HE)
Alto mando	High command
Alto mando militar	Military high command
Alza (mira, visor)	Sight
Amarre rápido	Rapid roping
Ambulancia	Ambulance
Amenaza	Threat
Amenazador/a	Threatening
Amenazar	To threaten
Ametralladora	Machine gun
Ametralladora ligera	Light machine gun
Ametralladora pesada	Heavy machine gun
Ametralladoras antiaéreas	Anti-aircraft machine guns
AMM (misil antimisil)	AMM (Antimissile missile)
Amotinado/a	Mutineer
Amotinamiento	Mutiny (rebellion, uprising)
Ampliación de una misión	Mission creep
AMPV (vehículo blindado multipropósito)	AMPV (armoured multi-purpose vehicle)
AMRAAM (misil avanzado aire-aire de medio alcance)	AMRAAM (Advanced Medium-Range Air-to-Air Missile)
Análisis de inteligencia	Intelligence analysis
Ancla	Anchor
Ánima (hueco del cañón)	Bore (cannon bore)
ANL (armas no letales)	NLW (non-lethal weapons)
Antena	Aerial
Antiaéreo	Anti-aircraft
Antibalas (a prueba de balas, blindado/a)	Bulletproof
Anticontramedidas electrónicas	Electronic counter-countermeasures
Antidetonante (adj.)	Antiknocking
Antidetonante (sust.)	Antiknock
ANZUS (tratado de seguridad entre Australia, Nueva Zelanda y EE.UU.)	ANZUS (Australia, New Zealand, United States security treaty)
AOC (control operacional aeronáutico)	AOC (Aeronautical Operational Control)
APAR (radar de matriz de fase activa)	APAR (Active Phased Array Radar)
Aparato de radio	Radio set
Aparato militar	Military apparatus
APL (mina antipersona)	APL (Anti-Personnel Landmine)
Apoyo aéreo	Air support
Apoyo aéreo cercano (CAS)	Close air support (CAS)
Apoyo al despliegue	Deployment support

Apoyo electrónico (ES)	Electronic support (ES)
Apoyo logístico	Logistics support
Apoyo militar	Military aid
APP (Asociación para la Paz)	PfP (Partnership for Peace)
Aprovisionamientos (pertrechos)	Combat supplies
APU (unidad de potencia auxiliar)	APU (Auxiliary Power Unit)
Apuntador/a	Gun layer
Apuntar (hacer puntería)	To aim at
Apuntar alto… volar, luchar, ganar (lema de la Fuerza Aérea de los EE.UU.)	Aim High … Fight, Fly, Win (the motto of the U.S. Air Force)
Apuñalar	To stab
Arco	Bow
Arco largo	Longbow
Argot militar	Military slang
Arma	Weapon
Arma blanca	Cold weapon (blade weapon)
Arma de fogueo	Blank gun
Arma de fuego	Firearm
Arma de guerra	War weapon
Arma espacial	Space weapon
Arma láser	Laser weapon
Arma letal	Lethal weapon
Arma ligera antitanque (LAW)	Light anti-tank weapon (LAW)
Arma ligera antitanque de nueva generación (NLAW)	Next generation light anti-tank weapon (NLAW)
Arma mortífera	Deadly weapon
Arma táctica	Tactical weapon
Armada (Marina)	Navy
Armada de los Estados Unidos (USN)	United Stated Navy (USN)
Armado/a	Armed
Armadura	Body armour
Armamento	Armament (arms, weapons, weaponry)
Armamento nuclear (armas nucleares)	Nuclear weapons
Armamento pesado	Heavy weapons (heavy weaponry)
Armar	To arm (to supply with arms)
Armas arrojadizas	Throwing weapons
Armas autónomas	Autonomous weapons
Armas autónomas letales (LAW)	Lethal autonomous weapons (LAW)
Armas biológicas	Biological weapons
Armas combinadas	Combined arms
Armas convencionales	Conventional weapons
Armas de artillería	Artillery weapons
Armas de asalto	Assault weapons
Armas de destrucción masiva (ADM)	Weapons of mass destruction (WMD)
Armas de dissuasion	Deterrence weapons

Armas de lanzamiento a distancia	Standoff weapons
Armas hipersónicas	Hypersonic weapons
Armas incendiarias	Incendiary weapons
Armas no letales (ANL)	Non-lethal weapons (NLW)
Armas nucleares	Nuclear weapons
Armas nucleares estratégicas	Strategic nuclear weapons
Armas nucleares no estratégicas	Non-strategic nuclear weapons
Armas nucleares tácticas	Tactical nuclear weapons
Armas nucleares tácticas de baja potencia	Low-yield tactical nuclear weapons
Armas químicas	Chemical weapons
Armas radiológicas	Radiological weapons
Armas robóticas (robots asesinos)	Robotic weapons (killer robots)
Armas termobáricas (bombas termobáricas)	Thermobaric weapons (aerosol bombs, vacuum bombs)
Armería	Armoury (armory)
Armero (mueble)	Gun rack
Armero/a	Armourer (armorer)
Armisticio	Armistice
Arquero/a	Archer
ARRC (Cuerpo de Reacción Rápida Aliado)	ARRC (Allied Rapid Reaction Corps)
Arrestar	To arrest
Arresto	Arrest
Arriada de la bandea	Lowering of the flag
Arriar bandera	To lower the flag
Arsenal	Arsenal
Arsenal atómico	Nuclear arsenal
Arsenal de armas	Weapon arsenal
Artefactos explosivos improvisados (IED)	Improvised explosive devices (IED)
Artes marciales	Martial arts
Artillería	Artillery
Artillería antiaérea (AAA)	Anti-aircraft artillery (AAA)
Artillería de campaña	Field artillery
Artillería Real (Regimiento Real de Artillería del ejército británico)	Royal Artillery (RA, Royal Regiment of Artillery, The Gunners)
Artillero	Gunner
Asaltar	To storm (to attack)
Asaltar el fuerte	To storm the fortress
Asalto	Assault (attack, storming)
Asamblea del Atlántico Norte (AAN)	North Atlantic Assembly (NAA)
Asamblea General de las Naciones Unidas (AGNU)	United Nations General Assembly (UNGA, GA)
Asediar (sitiar)	To besiege (to siege)
Asedio (acoso, cerco)	Siege
Asesinatos en masa	Mass killings
ASM (misil aire-superficie)	ASM (Air-to-Surface Missile)
Asociación para la Paz (APP)	Partnership for Peace (PfP)

ASRAAM (misil avanzado de corto alcance aire-aire)	ASRAAM (Advanced Short-Range Air-to-Air Missile
ASROC (misil antisubmarino)	ASROC (Anti-Submarine Rocket)
ASVAB (examen de aptitud vocacional para las Fuerzas Armadas,	ASVAB (Armed Services Vocational Aptitude Battery)
ASW (guerra antisubmarina)	ASW (anti-submarine warfare)
Atacar	To attack (to strike)
Ataque	Attack (strike)
Ataque aéreo (incursión aérea, raid aéreo)	Air attack (air strike, air raid)
Ataque en represalia	Retaliatory strike
Ataque military	Military attack (military strike)
Ataque por mar	Sea attack
Ataque por tierra	Ground attack
Ataque relámpago	Lightning attack (blitzkrieg)
Ataque sorpresa	Surprise attack
Ataque suicida (ataque kamikaze)	Suicide attack
ATCO (oficial controlador del tráfico aéreo)	ATCO (Air Traffic Control Officer)
Aterrizaje	Landing
Aterrizaje forzoso (aterrizaje de emergencia)	Forced landing
Aterrizar	To land
ATF (luchador táctico avanzado)	ATF (Advanced Tactical Fighter)
ATGM (misil guiado antitanque)	ATGM (Anti-Tank Guided Missile)
Atreverse	To dare
Atrevido/a	Daring (bold)
Ausencia	Absence
Ausencia no autorizada	Unauthorized absence
Ausencia sin licencia oficial (AWOL)	Absent without official leave (AWOL)
Ausente	Absent
Autopropulsado/a	Self-propelled
AUV (vehículo submarino autónomo)	AUV (Autonomous Underwater Vehicle)
Aviación	Aviation (air force)
Aviación civil	Civil aviation
Aviación militar	Military aviation
Aviación naval	Naval aviation
Aviador (soldado de aviación)	Airman
Avión artillado (lanzamisiles)	Rocket plane
Avión bimotor	Twin-engined aircraft
Avión biplaza	Two-seat aircraft
Avión bombardero	Bomber aircraft
Avión cisterna	Tanker aircraft
Avión de ala fija	Fixed-wing aircraft
Avión de apoyo aéreo cercano	Close-air support aircraft (CAS aircraft)
Avión de ataque	Attack aircraft (strike aircraft)
Avión de ataque al suelo	Fighter-ground attack
Avión de combate (caza)	Fighter jet (fighter, strike aircraft)

Avión de combate polivalente (MRCA)	Multi-role combat aircraft (MRCA)
Avión de reacción	Jet aircraft
Avión de reconocimiento (avión espía)	Reconnaissance aircraft (spy plane)
Avión de transporte	Transport aircraft
Avión espía	Spy plane
Avión militar	Military aircraft
Avión monoplaza	Single-seat aircraft
Avión polivalente	Multi-role aircraft
Avión supersónico	Supersonic jet
AWACS (sistema de alerta y control aerotransportado)	AWACS (Airborne Warning and Control System)
AWOL (ausencia sin licencia oficial)	AWOL (Absent Without Official Leave)
AWX (caza todo tiempo)	AWX (All Weather Fighter)
Ayuda humanitaria	Humanitarian aid

B

BA (base aérea)	AB (air base)
Babor	Port (port side)
BAH (subsidio básico para alojamiento)	BAH (Basic Allowance for Housing)
Bajas (muertos, heridos)	Casualties
Bajo asedio	Under siege
Bala	Bullet
Bala de cañón	Cannonball
Bala de fogueo	Blank
Bala de goma	Rubber bullet
Bala de plata	Silver bullet
Bala de plomo	Lead bullet
Bala perdida	Stray bullet (lost bullet)
Balas frangibles	Frangible bullets
Balazo (disparo)	Shot (gunshot)
Balazo (agujero de bala)	Bullet hole
Balazo (herida de bala)	Bullet wound (gunshot wound)
Balística	Ballistics
Baliza	Beacon
Balizaje (luces de pista, iluminación)	Runway lightning
Ballesta	Crossbow
Banda de marcha (banda de guerra)	Marching band (army band)
Banda militar	Military band
Bandera	Flag
Bandera blanca	White flag
Baño de sangre	Bloodbath (bloodshed)
Barcaza de desembarco	Landing craft
Barcaza de desembarco de control (LCC)	Landing craft control (LCC)
Barcaza de desembarco de navegación	Landing craft navigation (LCN)
Barcaza de desembarco de tanque (LCT)	Landing craft tank (LCT)
Barcaza de desembarco de vehículos y personal (LCVP)	Landing craft, vehicle, personnel (LCVP)
Barco	Ship (boat)
Barco Higgins (LCVP)	Higgins boat (LCVP)
Barco hundido	Sunken ship
Barrera de fuego (cortina de fuego)	Barrage
Barrera del sonido	Sound barrier
Barricada	Barricade
Barril de pólvora	Powder keg
BAS (subsidio básico para subsistencia)	BAS (Basic Allowance for Subsistence)
Base	Base (station)

Glosario práctico de términos militares / A practical glossary of military terms

Base aérea	Air base (airbase, air force base)
Base aérea militar	Military airbase
Base aeronaval	Naval air station
Base enemiga	Enemy base
Base militar	Military base
Base naval	Naval base
Bastión (baluarte)	Bastion (stronghold)
Batalla	Battle
Batalla naval	Naval battle (sea battle)
Batalla profunda (operación en profundidad)	Deep battle
Batalla reñida	Close battle
Batalla sin cuartel (guerra sin cuartel)	Battle to the death
Batallar (combatir, luchar)	To battle (to combat, to fight)
Batallón	Battalion
Batallón aerotransportado	Airborne battalion
Batallón de artillería	Artillery battalion
Batallón de helicópteros	Helicopter battalion
Batallón de infantería	Infantry battalion
Batallón de infantería de marina	Naval infantry battalion
Batallón de ingenieros	Engineer battalion
Batallón de tanques	Tank battalion
Batería	Battery
Batería de misiles	Missile battery
Bayoneta	Bayonet
Bayoneta calada	Fixed bayonet
BCT (entrenamiento básico de combate)	BCT (Basic Combat Training)
BCT (Equipo de Combate de Brigada)	BCT (Brigade Combat Team)
Beligerante (combatiente)	Belligerent (warring, fighting)
Bengala	Flare
Bg. (brigada)	WO (warrant officer, sergeant major)
Bidón de gasolina	Petrol canister (jerry can)
Blanco	Target
Blindado/a (acorazado/a)	Armoured (armored)
Bloquear (sitiar)	To blockade (to besiege)
Bloqueo (sitio, asedio)	Blockade
BMDOC (Centro de Operaciones de Defensa Antimisil Balístico)	BMDOC (Ballistic Missile Defence Operations Center)
BOC (Centro de Operaciones del Batallón)	BOC (Battalion Operations Center)
Boina	Beret
Boinas azules	Blue berets
Bolaño	Stone cannonball
Bomba	Bomb
Bomba atómica	Atomic bomb
Bomba casera	Homemade bomb
Bomba de caída libre	Free fall bomb

Bomba de fragmentación (de racimo)	Cluster bomb
Bomba de hidrógeno	Hydrogen bomb
Bomba de relojería (de efecto retardado)	Time bomb (delayed-action bomb)
Bomba de uranio empobrecido	Depleted uranium bomb
Bomba guiada	Guided bomb
Bomba inteligente	Smart bomb
Bomba lacrimógena	Tear gas bomb
Bomba lapa (mina lapa)	Limpet bomb (limpet mine)
Bomba nuclear	Nuclear bomb
Bomba termobárica	Vacuum bomb (thermobaric weapon)
Bombarda (cañón)	Bombard
Bombarda (buque)	Bomb vessel
Bombardear	To bomb (to shell, to bombard)
Bombardeo	Bombing (shelling, bombardment)
Bombardero	Bomber
Bombardero estratégico	Strategic bomber
Bombas sin estallar	Unexploded bombs
Botas militares	Military boots
Botiquín de primeros auxilios	First-aid kit
Boya	Buoy
Boya de amarre	Mooring buoy
Boya de salvamento	Life buoy
Bravo Zulú (bien hecho)	Bravo Zulu (well done)
BRBM (misil balístico táctico)	BRBM (Battelfield Range Ballistic Missile)
Brecha de los misiles	Missile gap
Briefing (reunión)	Briefing
Brigada (grado militar)	Sergeant major (warrant officer, WO)
Brigada (unidad militar)	Brigade (Bde)
Brigada acorazada	Armoured brigade
Brigada aerotransportada	Air-mobile brigade
Brigada de alta disponibilidad	High readiness brigade
Brigada de caballería	Cavalry brigade
Brigada de combate	Combat brigade
Brigada de infantería	Infantry brigade
Brigada móvil	Mobile brigade
Brigada Multinacional de Alta Disponibilidad de Fuerzas en Espera para Operaciones de la ONU (SHIRBRIG)	Multinational Stand-by High Readiness Brigade for United Nations Operations (SHIRBRIG)
Brigada paracaidista	Paratroopers brigade
Brigadas Internacionales	International Brigades
Brigadista	Brigade member
Brújula	Compass
Buceador/a	Diver
Buceo	Diving
Búnker	Bunker

Búnker (refugio antiaéreo)	Bomb shelter
Buque (barco, embarcación)	Ship (vessel)
Buque de asalto (embarcación de asalto)	Assault ship
Buque de asalto anfibio	Amphibious assault ship
Buque de desembarco	Landing ship
Buque de desembarco dique (LSD)	Landing ship dock (LSD)
Buque de desembarco tanques (LST)	Landing ship tank (LST)
Buque de guerra	Warship
Buque de transporte anfibio	Amphibious transport dock
Buque escuela	Training ship
Buque insignia	Flagship
Buque patrullero	Patrol vessel (patrol ship, patrol craft)
Buque remolcador	Towing vessel
Buque sumergible nuclear (SSN)	Submersible Ship Nuclear (SSN)
Búsqueda y salvamento (SAR)	Search and Rescue (SAR)
Búsqueda y rescate de combate (CSAR)	Combat search and rescue (CSAR)
Búsqueda y salvamento terrestre	Land-based search and rescue
BW (guerra biológica)	BW (biological warfare)
BWC (Convención sobre Armas Biológicas)	BWC (Biological Weapons Convention)
BX (tienda de intercambio militar)	BX (Base Exchange)
BZ (Bravo Zulú, bien hecho)	BZ (Bavo Zulu, well done)

C

C2 (mando y control)	C2 (Command and Control)
C3 (mando, control y comunicaciones)	C3 (Command, Control & Communications)
C3I (mando, control, comunicaciones e inteligencia)	C3I (Command, Control, Communications and Intelligence)
C4 (mando, control, comunicaciones y computación)	C4 (Command, Control, Communications and Computers)
CAB (Convención de Armas Biológicas)	BWC (Biological Weapons Convention)
Caballería	Cavalry
Cabestrante	Capstan
Cabina de pilotaje	Cockpit
Cabo (armada)	Petty officer (PO)
Cabo (ejército de tierra)	Corporal
Cabo (fuerzas aéreas)	Senior airman
Cabo mayor	Corporal major
Cabo primero (armada)	Chief petty officer
Cabo primero (ejército de tierra)	First corporal
Cadena de mando	Chain of command
Cadenas (huella de las cadenas)	Track
Cadencia de tiro	Rate of firing
Cadete	Cadet
Cadete oficial	Officer cadet
CAFMED (Fuerza Anfibia Combinada en el Mediterráneo)	CAFMED (Combined Amphibious Forces Mediterranean)
Calibre	Calibre (caliber)
Calabozo (celda)	Guardroom (cell)
Camarote	Cabin
Cambio (comunicaciones por radio)	Over (radio communications)
Cambio de guardia	Changing of the guard
Cambio de puesto permanente	Permanent change of station
Cambio y corto (comunicaciones radio)	Over and out (radio communications)
Camilla	Stretcher
Camión	Lorry (truck)
Camión cisterna	Tanker (tanker truck)
Camión de bomberos	Fire engine
Campamento	Camp
Campamento de entrenamiento militar	Military training camp (boot camp)
Campamento militar	Military camp
Campaña	Campaign
Campaña militar	Military campaign
Campo a través (a campo traviesa)	Cross-country
Campo de batalla	Battlefield

Campo de concentración	Concentration camp
Campo de entrenamiento	Boot camp
Campo de exterminio	Extermination camp (death camp)
Campo de tiro (área de alcance)	Field of fire
Campo de tiro (para prácticas de tiro)	Shooting range (firing range, range)
Campo minado (campo de minas)	Minefield
Campos de la muerte	Killing fields
Camuflado/a (mimetizado/a)	Camouflaged
Camuflaje	Camouflage
Camuflaje militar	Military camouflage
Camuflar (mimetizar)	To camouflage
Camuflarse (mimetizarse)	To become camouflaged
CAN (Consejo del Atlántico Norte)	NAC (North Atlantic Council)
Candado	Padlock
Canje de prisioneros	Prisoner exchange (prisoner swap)
Cantimplora	Water bottle (canteen)
Cantina (comedor)	Canteen
Cantos marciales	Military songs
Cañón (cañón de escopeta)	Barrel (gun barrel)
Cañón (pieza de artillería)	Cannon
Cañón antiaéreo	Anti-aircraft gun
Cañón contracarro (cañón anticarro)	Anti-tank gun
Cañón de carro	Tank gun
Capacidad militar	Military capability
Capacidad operativa inicial (IOC)	Initial operational capability (IOC)
Capacidad operativa plena (FOC)	Full operational capability (FOC)
Capacidad todo terreno	Cross country capability
Capellán (páter)	Chaplain
Capellán castrense	Military chaplain
Capitán	Captain
Capitán de compañía	Company commander
Capitán de corbeta	Corvette Captain (Lieutenant Commander)
Capitán de fragata	Frigate Captain (Commander)
Capitán de navío	Captain (naval rank)
Capitán de puerto	Harbourmaster
Capitán General	Field Marshall (army)/Captain-General (navy)
Capitanía	Captaincy
Capitanía General	General Captaincy
Capitulación (rendición)	Capitulation (surrender)
Capitular (rendirse)	To capitulate (to surrender)
Cápsula fulminante	Percussion cap
Capturar	To capture
Carabina	Carbine (rifle)
Carburantes y lubrificantes	Petrol, oil & lubricants (POL)
Carga explosiva	Explosive charge

Carga útil	Payload
Cargador	Magazine
Cargador ampliado	Extended magazine (extended mag)
Cargador de tambor	Drum magazine
Cargar	To load
Carnicería (matanza, masacre)	Carnage (bloodshed, massacre)
Carro de combate (tanque)	Tank
Carro lanzapuentes	Armoured bridge layer
Carro ligero (tanque ligero)	Light tank
Carta bomba	Letter bomb
Cartilla militar	Draft card
Cartografía	Cartography
Cartográfico/a	Cartographic (cartographical)
Cartuchera	Cartridge belt (pouch)
Cartucho	Cartridge (round)
CAS (apoyo aéreo cercano)	CAS (Close Air Support)
Casco (para la cabeza)	Helmet
Casco (barco)	Hull
Casco de acero	Steel helmet
Casco de combate	Combat helmet
Casco de guerra	War helmet
Casco exterior (cubierta exterior)	Outer hull
Casco militar	Military helmet
Cascos azules (boinas azules, fuerzas de paz de la ONU)	Blue helmets (blue berets, UN peace forces)
Caserna (cuartel)	Garrison house (barracks)
Caseta del centinela	Guardhouse
CASEVAC (evacuación de heridos)	CASEVAC (casualty evacuation)
Casquillo	Cartridge case (bullet casing)
Castigar	To punish
Castigo	Punishment
Castigo de campo	Field punishment
Castrense (relacionado con el ejército)	Military (army-related)
Catana (katana, sable japonés)	Katana
Catapulta	Catapult
Catapultar (lanzar con una catapulta)	To catapult
Catástrofe natural (desastre natural)	Natural disaster
Caza (avión de combate)	Fighter (fighter plane, fighter jet)
Caza de interceptación (interceptador)	Fighter-interceptor
Caza nocturno (caza todo tiempo, AWX)	Night fighter (all-weather fighter, AWX)
Caza polivalente (MRCA)	Multi-role combat aircraft (MRCA)
Cazabombardero	Fighter-bomber
CBM (medidas de creación de confianza)	CBM (Confidence-Building Measures)
CBRN (armas químicas, biológicas, radiológicas y nucleares)	CBRN (Chemical, Biological, Radiological and Nuclear)

CC-Land HQ (Cuartel General del Mando de Componente Terrestre)	CC-Land HQ (Component Command-Land Headquarters)
CCM (convención sobre municiones en racimo)	CCM (convention on cluster munitions)
Cdte. (comandante)	CO (Commanding Officer)
CECOM (Centro de Comunicaciones)	COMCEN (Communications Centre)
Célula de planificación	Planning cell
Célula terrorista	Terrorist cell
CEM (Comité de Estado Mayor)	MSC (Military Staff Committee)
Censor/a militar	Military censor
Centinela (guarda)	Sentinel (sentry, guard, watch)
Centro cartográfico	Cartographic centre
Centro de comunicaciones	Communications centre
Centro de Operaciones de Defensa Antimisil Balístico (BMDOC)	Ballistic Missile Defence Operations Center (BMDOC)
Centro de operaciones del batallón (BOC)	Battalion Operations Center (BOC)
Centro de operaciones tácticas (TOC)	Tactical operations center (TOC)
Centro médico	Medical centre
Centro Nacional de Inteligencia (CNI)	Spanish official intelligence agency (CNI)
Centro Superior de Información de la Defensa (CESID)	Former Spanish intelligence agency (CESID)
CEP (Cooperación Estructurada Permanente)	PESCO (Permanent Structured Cooperation)
Ceremonia de izamiento de bandera	Flag raising ceremony
Cesar el fuego	To cease fire
Cese de hostilidades	Cessation of hostilities (ceasefire)
CESID (Centro Superior de Información de la Defensa)	CESID (former Spanish intelligence agency)
Cetme (fusil)	Cetme (rifle)
CG (Cuartel General)	HQ (Headquarters)
Chaleco antibalas	Bulletproof vest
Chaleco salvavidas	Life jacket
Chaleco táctico	Tactical vest
CIA (Agencia Central de Inteligencia)	CIA (Central Intelligence Agency)
Ciberataque	Cyberattack
Ciberdefensa	Cyber defence
Ciberguerra (guerra cibernética)	Cyberwarfare
CICR (Comité Internacional de la Cruz Roja)	ICRC (International Committee of the Red Cross)
CIDOB (Centro de Estudios Internacionales y de Estudios para el Desarrollo de Barcelona)	CIDOB (Barcelona Centre for International Affairs)
Cincha	Webbing
Cinturón (correa)	Belt
Cinturón de munición	Ammunition belt
Cinturón militar	Military belt
CIS (Sistemas de Información y Telecomunicaciones)	CIS (Communication and Information Systems)
Ciudadela	Citadel (fortress)

Civil	Civilian (civvy)
CJTF (Fuerza Operativa Conjunto-Combinada)	CJTF (Combined Joint Task Force)
Clandestino/a	Clandestine (secret)
Club de suboficiales	Sergeant's mess
CNI (Centro Nacional de Inteligencia)	CNI (Spanish official intelligence agency)
Coalición	Coalition
Coalición militar	Military coalition
Coche bomba	Car bomb
Cocina	Kitchen
Cocina de campaña	Field kitchen (cookhouse)
Código de justicia militar	Code of military justice
Códigos arcoíris	Rainbow codes
Cohete	Rocket
Cohete antiaéreo (lanzado desde hombro)	Infantry anti-aircraft weapon (shoulder launched)
COIL (láser químico de yodo oxigenado)	COIL (Chemical Oxygen Iodine Laser)
Cola de un avión	Tail of an aircraft
Colección de armas	Weaponry
Colina	Hill
Colisión	Collision
Columna	Column
Comandante	Commander (major, chief)
Comandante de la base	Station commander
Comandante de la guarnición	Garrison commander
Comandante en jefe (comandante supremo)	Commander-in-chief (supreme commander)
Comandante general	Commander general
Comandante Supremo Aliado en Europa (SACEUR)	Supreme Allied Commander Europe (SACEUR)
Comando	Commando
Comando conjunto	Joint command
Comando conjunto Fuerza Aérea/Marina	Navy and Air Force joint command
Comando de combate aéreo (ACC)	Air Combat Command (ACC)
Comando de Defensa Espacial y de Misiles del Ejército de los Estados Unidos	Space and Missile Defence Command (SMDC)
Combate	Combat
Combate aéreo	Air combat (dogfight)
Combate aéreo disimilar (DACT)	Dissimilar Air Combat Training (DACT)
Combate cuerpo a cuerpo	Hand-to-hand combat (HTH, H2H)
Combate diurno	Daytime combat
Combate naval	Sea battle (naval battle)
Combate nocturno	Night combat
Combate próximo (combate cercano)	Close quarter battle (CQB)
Combates casa por casa	House-to-house fighting
Combatiente	Combatant (fighter)
Combatiente guerrillero	Guerrilla fighter

Combatir (luchar)	To combat (to battle, to fight)
Combustible (carburante)	Fuel
Comedor (cantina, cafetería)	Mess (mess hall, chow hall)
Comedor de oficiales (casino, club)	Officer's mess
Comer	To eat
Comida	Food
COMINT (Inteligencia en comunicaciones)	COMINT (Communications Intelligence)
Comité de Estado Mayor (CEM)	Military Staff Committee (MSC)
Comité Internacional de la Cruz Roja (CICR)	International Committee of the Red Cross (ICRC)
COMNAV (ayudas a la navegación aérea)	COMNAV (Communications-Navigation)
Comodoro	Commodore
Compañerismo	Fellowship (comradeship)
Compañía	Company (squadron)
Compañía (unidad militar)	Company (military unit)
Compartimento de máquinas	Engine room (machine room)
COMSEC (Seguridad de las comunicaciones)	COMSEC (Communications security)
Comunicaciones	Communications
Comunicaciones militares	Military communications
Comunicaciones por radio	Radio communications
Comunicaciones por satélite	Satellite communications
Comunicado	Communiqué (statement)
Comunidad Europea de la Energía Atómica (EURATOM)	European Atomic Energy Community (EURATOM)
Con apoyo militar	Military-backed
Condecoración (medalla, insignia)	Decoration (medal, award)
Condecoración militar	Military decoration
Condecorar	To decorate (to award)
Condición de veterano	Veteran status
Conductor (chófer)	Driver
Conductor/a	Driver
Confederación Interaliada de Oficiales de Reserva (CIOR)	Interallied Confederation of Reserve Officers (CIOR)
Conferencia de Helsinki (Conferencia de Seguridad y Cooperación en Europa, CSCE)	Helsinki Accords (Conference on Security and Co-operation in Europe, CSCE)
Conferencia de Paz de La Haya	Hague Peace Conference
Confidencial	Confidential
Confidente (informante, espía)	Informer (spy)
Conflicto	Conflict
Conflicto armado	Armed conflict
Conquista	Conquest
Conquistado/a	Conquered
Conquistador	Conqueror
Conquistar	To conquer
Conscripción (reclutamiento)	Conscription (call-up, draft)

Conscripto (recluta)	Conscript (recruit)
Consejo de guerra	Court martial (court-martial)
Consejo de guerra sumarísimo	Drumhead court martial
Consejo de Seguridad de la ONU (CSNU)	United Nations Security Council (UNSC)
Consejo del Atlántico Norte (CAN)	North Atlantic Council (NAC)
Construcción naval	Shipbuilding
Contador Geiger	Geiger counter
Contingente	Contingent
Contraatacar (contratacar)	To counterattack
Contraataque (contrataque)	Counterattack
Contrabandista de armas	Gunrunner
Contrafuerza	Counterforce
Contrainsurgencia	Counterinsurgency
Contrainteligencia	Counterintelligence
Contralmirante	Rear Admiral (Counter Admiral)
Contramaestre	Boatswain (petty officer)
Contramedidas	Countermeasures
Contramedidas electrónicas (ECM)	Electronic countermeasures (ECM)
Contraterrorismo	Counterterrorism
Control de acceso	Access control
Control de acceso discrecional (DAC)	Discretionary access control (DAC)
Control de acceso obligatorio (MAC)	Mandatory access control (MAC)
Control de armas (control armamentístico)	Arms control
Control de daños	Damage control
Control de fuego	Fire control
Control de tráfico	Traffic control
Control operacional aeronáutico (AOC)	Aeronautical operational control (AOC)
Control remoto	Remote control
Controlador aéreo	Air traffic controller
Convención de Armas Biológicas (CAB)	Biological Weapons Convention (BWC)
Convención de la Haya	Hague Convention
Convención sobre Armas Biológicas (BWC)	Biological Weapons Convention (BWC)
Convención sobre las Armas Químicas (CWC)	Chemical Weapons Convention (CWC)
Convención sobre municiones en racimo (CCM)	Convention on cluster munitions (CCM)
Convenios de Ginebra	Geneva Conventions
Conversaciones sobre Reducción de Armas Estratégicas (START)	Strategic Arms Reduction Treaty (START)
Convoy	Convoy
Cooperación estructurada permanente (CEP)	Permanent structured cooperation (PESCO)
Cooperación estructurada permanente (PESCO)	Permanent structured cooperation (PESCO)
Coordenadas	Coordinates
Coordinador táctico (TACCO)	Tactical coordinator (TACCO)

Coraje (valentía)	Courage (bravery)
Coraza (blindaje)	Armour (armor)
Corbeta (buque de guerra pequeño)	Corvette (small warship)
Corneta (cornetín, bugle)	Bugle
Corneta (cornetista, cornetero)	Bugler
Coronel	Colonel
Correa (correaje)	Belt (belting, strapping)
Corte Internacional de Justicia	International Court of Justice
Corte marcial (tribunal militar)	Court martial (military court)
Corte Penal Internacional (CPI)	International Criminal Court (ICC, ICCt)
Corte Permanente de Arbitraje (CPA)	Permanent Court of Arbitration (PCA)
Corto alcance (corta distancia)	Short range
Cota (altura, elevación)	Altitude (height, elevation)
CPA (Corte Permanente de Arbitraje)	PCA (Permanent Court of Arbitration)
CPI (Corte Penal Internacional)	ICC (ICCt, International Criminal Court)
Cráter	Crater
Cráter de explosión	Explosion crater
Cráter de impacto	Impact crater
Crimen de guerra	War crime
Crímenes contra la humanidad (lesa humanidad)	Crimes against humanity
Crímenes de genocidio	Crimes of genocide
Crímenes de lesa humanidad	Crimes against humanity
Cruzar un río (vadear un río)	To cross a river (to ford a river, to wade)
CSAR (búsqueda y rescate de combate)	CSAR (Combat Search and Rescue)
CSBM (medidas de fomento de confianza y seguridad)	CSBM (Confidence and Security Building Measures)
CSCE (Conferencia de Seguridad y Cooperación en Europa, Conferencia de Helsinki)	CSCE (Conference on Security and Co-operation in Europe, Helsinki Accords)
CSN (Consejo de Seguridad Nuclear)	CSN (Nuclear Safety Council in Spain)
CSNU (Consejo de Seguridad de la ONU)	UNSC (United Nations Security Council)
CTBT (Tratado de Prohibición Total de Pruebas Nucleares)	CTBT (Comprehensive Nuclear-Test-Ban Treaty)
Cuartel	Barracks (quarters)
Cuartel general (CG)	Headquarters (HQ)
Cuartel military	Military headquarters
Cubierta (del buque)	Deck (ship deck)
Cubierta de vuelo	Flight deck
Cubierta principal	Main deck (topside)
Cuchillo	Knife
Cuerpo (cuerpo de ejército)	Body (corps, army corps)
Cuerpo de guardia	Guardroom
Cuerpo de intendencia	Quartermaster corps
Cuerpo de Marines de los EE.UU.	US Marine Corps
Cuerpo de Paz	Peace Corps
Cuerpo diplomático	Diplomatic corps

Cuerpo especial (comando)	Task force
Culata (de una escopeta)	Butt (gun butt)
Curso de formación	Course (training course)
CVN (portaaviones de propulsión nuclear)	CVN (Aircraft Carrier, Nuclear)
CW (guerra química)	CW (chemical warfare)
CWC (Convención sobre Armas Químicas)	CWC (Chemical Weapons Convention)

D

DAC (control de acceso discrecional)	DAC (Discretionary Access Control)
DAC (División Acorazada)	Armd Div (Armoured Division)
DACT (Combate Aéreo Disimilar)	DACT (Dissimilar Air Combat Training)
Daños	Damage
Daños colaterales	Collateral damage
Dar un paso al frente	To step forward
DART (equipo de respuesta de ayuda para desastres)	DART (Disaster Assistance and Response Team)
David contra Goliat	David versus Goliath
DCO (oficial con nombramiento directo)	DCO (Direct Commission Officer)
De paisano (ropa de calle)	In civilian clothes (in street clothing)
De permiso	On leave
Debilitar	To weaken (to debilitate)
Debilitar la moral	To weaken morale (to undermine morale)
Defectuoso/a	Defective
Defender	To defend
Defensa	Defence (defense)
Defensa aérea	Air defence
Defensa aérea de corto alcance (SHORAD)	Short-range air defence (SHORAD)
Defensa antiaérea	Anti-aircraft defence
Defensa antimisil	Anti-missile defence
Defensa civil	Civil defence
Defensa de zona	Area defence
Defensa nacional	National defence
Defensa nuclear, biológica y química	Nuclear, chemical & biological defence
Defensas enemigas	Enemy defences
Delator/a (informante)	Whistleblower (informer)
Demoler	To demolish
DEP (programa de prórroga en el ingreso)	DEP (Delayed Entry Program)
Departamento de Asuntos Humanitarios (DHA)	Department of Humanitarian Affairs (DHA)
Departamento de Defensa (de los EE.UU.)	Department of Defense (DoD)
Departamento de Operaciones de Mantenimiento de la Paz (DOMP)	Department of Peacekeeping Operations (DPKO)
Depósito	Depot
Depósito de municiones	Ammunition depot
Derechos humanos	Human rights
Derramamiento de sangre	Bloodshed
Derrota	Defeat
Derrotar	To defeat
Desactivación de bombas	Bomb disposal

Glosario práctico de términos militares / A practical glossary of military terms

Desaparecido/a en combate	Missing in action (MIA)
Desastre natural (catástrofe natural)	Natural disaster
Descargar	To unload
Desembarcar	To disembark
Desembarco	Disembarkation (landing)
Desertar	To desert (to defect)
Desertor/a	Deserter (defector)
Desfilar	To march (to parade)
Desfile	March (parade)
Desfile aéreo (exhibición aérea)	Flypast (flyover)
Desfile militar	Military parade
Desgastar al enemigo	To wear down the enemy
Desinformación (información errónea)	Disinformation (misinformation)
Desinformar	To misinform
Desminado (eliminación de minas)	Demining (mine clearance)
Desmontar y enfundar una pistola	To decock and holster
Desmoralización	Demoralisation (demoralization)
Desmoralizar	To demoralise (to demoralize)
Desmovilización	Demobilisation
Desobedecer	To disobey
Desobediencia	Disobedience
Despegar	To take off
Despegue	Take-off (takeoff)
Despegue vertical	Vertical take-off
Despegue y aterrizaje cortos (STOL)	Short take-off and landing (STOL)
Despegue y aterrizaje vertical en corto recorrido (V/STOL)	Vertical/short take-off and landing (V/STOL)
Desplazado/a	Displaced person (DP)
Desplazados de guerra	People displaced by the war
Desplegar	To deploy
Despliegue	Deployment
Destacamento	Detachment
Destacar	To detach
Destinar	To post
Destino (puesto)	Post (posting)
Destrozado/a por la guerra	War-torn
Destrucción	Destruction
Destrucción masiva	Mass destruction
Destrucción mutua asegurada (DMA)	Mutually assured destruction (MAD)
Destruir	To destroy
Destruir un blanco	To destroy a target
Detallar (precisar, localizar, identificar)	To pinpoint
Detección	Detection
Detectar	To detect
Detectar un blanco	To detect a target

Detención (arresto)	Detention
Detonación (estallido, explosión)	Detonation (explosion)
Detonador	Detonator
Detonador electrónico de retardo	Electronic delay detonator
Detonar	To detonate
Devastador/a	Devastating
DFAC (comedores)	DFAC (Dining Facility)
DHA (Departamento de Asuntos Humanitarios)	DHA (Department of Humanitarian Affairs)
DHS (Departamento de Seguridad Nacional)	DHS (Department of Homeland Security)
Día D	D-Day
Día de la Independencia	Independence Day
Día de la marmota	Groundhog day
Día de las Fuerzas Armadas	Armed Forces Day
Día de los Caídos	Memorial Day
Diana (blanco de tiro)	Target
Diana (toque de diana, toque de corneta)	Reveille (bugle call)
Dictadura militar	Military dictatorship
Dinamita	Dynamite
Diplomacia	Diplomacy
Diplomático/a (adj.)	Diplomatic
Diplomático/a (sust.)	Diplomat
Dirigir el tiro (apuntar)	To direct fire
DIS (Simulación Interactiva Distribuida)	DIS (Distributed Interactive Simulation)
Disciplina	Discipline
Disciplina military	Military discipline
Disparador (gatillo)	Trigger
Disparador automático	Automatic trigger
Disparar (tirar, abrir fuego)	To shoot (to fire)
Disparo	Shot (gunshot, round)
Disparo al aire	Shot in the air
Disparo de advertencia	Warning shot
Dispersar	To disperse
Dispersión	Dispersal
Distancia (alcance)	Range
Distancia al blanco	Range to a target
Distinción (condecoración)	Distinction (honour, award)
Disuasión	Deterrence
Disuasión nuclear	Nuclear deterrence
División	Division
División Acorazada	Armoured Division
División de Caballería	Cavalry Division
División de Infantería	Infantry Division
División de infantería mecanizada	Mechanised infantry division
División de infantería motorizada	Motorised infantry division

División de Montaña	Mountain Division
División militar	Military division
DMA (Destrucción Mutua Asegurada)	MAD (Mutually Assured Destruction)
DMZ (zona desmilitarizada)	DMZ (Demilitarised Zone)
Doctrina militar	Military doctrine
Documentación clasificada	Classified documents
DoD (Departamento de Defensa de EE.UU.)	DoD (Department of Defense)
DOMP (Departamento de Operaciones de Mantenimiento de la Paz)	DPKO (Department of Peacekeeping Operations)
Dotación (tripulación)	Ship's company (crew)
DPC (Comité de Planes de Defensa)	DPC (Defence Planning Committee)
Dragaminas	Minesweeper
Dron (aeronave no tripulada)	Drone
Dron autónomo	Autonomous drone
Dron de combate	Combat drone
Dron kamikaze (dron suicida)	Kamikaze drone (suicide drone)
Dron militar	Military drone
Dron naval	Naval drone
Dron submarino	Underwater drone

E

ECCM (anticontramedidas electrónicas)	ECCM (Electronic Counter-Countermeasures)
ECM (contramedidas electrónicas)	ECM (electronic countermeasures)
ECOMOG (Grupo de Seguimiento del Alto el Fuego)	ECOMOG (Cease-Fire Monitoring Group)
Efectivos militares	Military troops (military forces)
Efecto psicológico	Psychological effect
EGN (Escuela de Guerra Naval)	NWC (Naval War College)
Ejercicio	Exercise (drill)
Ejercicio anfibio (PHIBEX)	Amphibious exercise (PHIBEX)
Ejercicio común (JOINTEX)	Joint exercise (JOINTEX)
Ejercicio de entrenamiento de campo	Field training exercise (FTX)
Ejercicio militar (juego de guerra)	Military exercise (military drill, war game)
Ejercicios de supervivencia	Survival drills
Ejercicios de tiro	Firing exercises
Ejército	Army
Ejército de Liberación Nacional	National Liberation Army
Ejército de milicias	Militia army
Ejército de ocupación	Occupying army
Ejército de reserva	Army reserves
Ejército de Tierra	Land Army (ground forces, army)
Ejército del Aire	Air Force
Ejército estadounidense	U.S. military
Ejército mercenario	Mercenary army
Ejército multinacional	Multinational army
Ejército nacional	National army
Ejército permanente	Standing army
Elemento de combate terrestre (GCE)	Ground combat element (GCE)
Elemento de mando	Command element (CE)
Elemento de Planeamiento (PLANELM)	Planning element (PLANELM)
Eliminación de minas (desminado)	Mine clearance (demining)
ELINT (inteligencia electrónica)	ELINT (Electronic Intelligence)
EMACON (Estado Mayor Conjunto)	JCS (Joint Chiefs of Staff)
EMAD (Estado Mayor de la Defensa)	EMAD (Spanish Defence Staff)
Embarcación	Boat (vessel)
Embarcación de desembarco	Landing vessel (landing craft)
Embarcadero (malecón)	Jetty (pier, dock, quay)
Embarcar (subir a bordo)	To board (to go aboard)
Embolsamiento	Encirclement
Emboscada	Ambush
EME (Estado Mayor del Ejército)	EME (Spanish Army Staff)

EMINTER (Estado Mayor Internacional)	IMS (International Military Staff)
Emisiones de radio	Radio emissions
Empleado civil (funcionario civil)	Civilian employee
Empresa militar privada (PMC)	Private military company (PMC)
Empresas proveedoras de servicios de defensa (EPSD)	Private Military and Security Company (PMSC)
EMUE (Estado Mayor de la Unión Europea)	EUMS (European Union Military Staff)
En acto de servicio	In the line of duty
En formación	In formation
En marcha	On the march
En servicio	On active duty
En tierra	Ashore
Encubierto/a (secreto/a)	Undercover
Enemigo/a	Enemy (foe)
Enfermera	Nurse
Enfermero (sanitario)	Medical orderly (medic)
Enfrentamiento (combate)	Engagement
Enfrentarse (entablar combate)	To engage
Enlace	Liaison
Enrolarse (alistarse)	To enlist (to enrol)
Entrenamiento (formación)	Training
Entrenamiento básico	Basic training
Entrenamiento básico de combate	Basic combat training (BCT)
Entrenamiento en combate aéreo disimilar	Dissimilar Air Combat Training (DACT)
Entrenamiento individual avanzado	Advanced individual training (AIT)
Entrenamiento militar	Military training
Entrenar (adiestrar)	To train
EOD (neutralización de material explosivo)	EOD (Explosive Ordnance Disposal)
EOSG (oficina ejecutiva del secretario general)	EOSG (Executive Office of the Secretary General)
EPSD (Empresas Proveedoras de Servicios de Defensa)	PMSC (Private Military and Security Company)
EPW (prisionero/a de guerra enemigo)	EPW (Enemy Prisoner of War)
Equipación para la batalla	Battle gear
Equipo (grupo de personas)	Team
Equipo (instrumentos, aparatos)	Equipment
Equipo de búsqueda y rescate (USAR)	Urban search and rescue (USAR)
Equipo de combate de brigada	Brigade combat team
Equipo de Control Aerotáctico (TACP)	Tactical Air Control Party (TACP)
Equipo de enlace y observación (LOT)	Liaison and observation team (LOT)
Equipo de radar	Radar equipment
Equipo de reacción inmediata (IRT)	Immediate reaction team (IRT)
Equipo de reconocimiento	Reconnaissance team
Equipo de respuesta de ayuda para desastres (DART)	Disaster Assistance and Response Team (DART)

Equipo de salvamento	Rescue team (salvage team)
Equipo de vuelo (mono de vuelo)	Flying clothing
Equipo móvil de adiestramiento (MTT)	Mobile training team (MTT)
Erizo checo	Czech hedgehog
ES (apoyo electrónico)	ES (Electronic Support)
ESA (Agencia Espacial Europea)	ESA (European Space Agency)
Escalafón	Hierarchy
Escalafón militar	Military hierarchy (military ranks)
Escaramuza	Skirmish
Escaramuzador (hostigador)	Skirmisher
Escenario de guerra	Theatre of war (scene of war)
Esclusa	Lock (sluicegate)
Escolta	Escort (security)
Escolta militar	Military escort
Escoltar	To escort
Esconder (ocultar)	To hide
Escopeta	Shotgun
Escopeta de repetición	Repeating shotgun
Escopeta recortada	Sawn-off shotgun (sawed-off shotgun)
Escopeta semiautomática	Semi-automatic shotgun
Escotilla	Hatch
Escuadrilla	Squadron (wing)
Escuadrilla de abastecimiento	Supply squadron
Escuadrón	Squadron
Escuadrón de cazas	Fighter squadron
Escudo	Shield
Escudo antibalas (escudo táctico, escudo blindado)	Ballistic shield (tactical shield, bulletproof shield)
Escudo antimisiles	Missile shield (anti-missile shield)
Escudo de armas	Coat of arms
Escuela de Guerra Naval (EGN)	Naval War College (NWC)
Escuela naval	Naval academy
ESDI (Identidad europea de seguridad y defensa)	ESDI (European Security and Defence Identity)
ESM (medidas de apoyo electrónico)	ESM (Electronic Support Measures)
Espacio aéreo	Airspace
Espada	Sword
Espía (agente secreto)	Spy (secret agent)
Espiar	To spy (to spy on)
Espionaje	Espionage (spying)
Espoleta (dispositivo de detonación)	Fuse
ESS (Sistemas de Simulación del Eurofighter)	ESS (Eurofighter Simulation Systems)
Estación de radar	Radar station
Estado de sitio	State of siege
Estado mayor	Staff

Estado Mayor Conjunto (EMACON)	Joint Chiefs of Staff (JCS)
Estado Mayor de la Defensa (EMAD)	Spanish Defence Staff (EMAD)
Estado Mayor de la Unión Europea (EMUE)	European Union Military Staff (EUMS)
Estado Mayor del Ejército (EME)	Army Staff
Estado Mayor Internacional (EMINTER)	International Military Staff (IMS)
Estado miembro	Member state
Estados miembros de la OTAN	NATO member states
Estados poseedores de armas nucleares	Nuclear-weapon states (NWS)
Estallar (explotar)	To blow up (to explode)
Estar de guardia (turno de vigilancia)	Guard duty
Estar de permiso	To be on leave
Estar de servicio (estar de guardia)	To be on duty
Estar firmes	To stand to attention
Estratagema	Stratagem (ploy, plan, scheme)
Estrategia	Strategy
Estrategia de disuasión	Deterrence strategy
Estratégico/a	Strategic
Estribor	Starboard
Estudios estratégicos	Strategic studies
EUMAM (Misión de Asesoramiento Militar de la Unión Europea)	EUMAM (European Union Military Advisory Mission)
EUMM (Misión de Monitorización de la Unión Europea)	EUMM (European Union Monitoring Mission)
EURATOM (Comunidad Europea de la Energía Atómica)	EURATOM (European Atomic Energy Community)
Eurocuerpo	Eurocorps
Evacuación	Evacuation
Evacuación de heridos (CASEVAC)	Casualty evacuation (CASEVAC)
Evacuación médica (MEDEVAC)	Medical evacuation (MEDEVAC)
EW (Alerta Temprana)	EW (Early Warning)
Excombatiente	Ex-combatant
Exiliado/a	Exiled
Exiliar	To exile
Exiliarse	To go into exile
Exilio	Exile
Exmilitar	Ex-serviceman
Expedicionario/a	Expeditionary
Explosión	Explosion (blast)
Explosivo	Explosive
Explotar (explosionar)	To explode
Expulsado/a del ejército	Dismissed from the army
Exterminio	Extermination (extinction)

F

Facción	Faction
FACE (Fuerzas Armadas Convencionales en Europa)	CFE (Conventional Armed Forces in Europe)
Fallar un disparo	To miss a shot
Fallecido/a (muerto/a)	Deceased (dead, killed)
Faro	Lighthouse
FAS (Fuerzas Armadas)	FAS (Spanish armed forces)
FCR (radar de control de tiro)	FCR (Fire-Control Radar)
FEL (láser de electrones libres)	FEL (free-electron laser)
Firmar la paz	To sign a peace treaty (to make peace)
Firmes (posición militar)	Attention (military stance)
¡Firmes!	Attention! (ten-hut!)
Flanco	Flank
Flanco derecho	Right flank
Flanco izquierdo	Left flank
Flanquear	To flank
Flecha	Arrow
Flechette (flechita, proyectil puntiagudo)	Flechette (pointed projectile)
Flota	Fleet
Flota auxiliar	Auxiliary fleet
Flotilla	Flotilla (fleet)
Flotilla aérea	Aircraft fleet (flight, aerial squadron)
FMS (simulador de la misión completa)	FMS (Full Mission Simulator)
FOC (capacidad operativa plena)	FOC (Full Operational Capability)
Foco de búsqueda (reflector, proyector)	Searchlight (spotlight)
Focos de resistencia	Pockets of resistance
Foguear	To accustom to noise
Fogueo	Blank
Formación (disposición ordenada)	Formation
Formación (entrenamiento, preparación)	Training
Formación de combate	Fighting formation
Formación en columna	Column formation
Formarse en filas	To fall in
Fortaleza (fortificación)	Fortress (stronghold, fortification)
Fortificación (bastión, baluarte, fuerte)	Fortification (fort, fortress, stronghold)
Fosa	Grave (pit, ditch, trench)
Fosa común	Mass grave
Fragata	Frigate
Fragata lanzamisiles	Missile-launcher frigate
Fragmentación	Fragmentation

Francotirador/a (tirador de élite, sniper)	Sniper
Frente (línea de frente, primera línea)	Front (front line)
FRR (Fuerza de Reacción Rápida)	QRF (Quick Reaction Force)
FSB (base de apoyo avanzado)	FSB (Forward Support Base)
FSB (Servicio Federal de Seguridad de la Federación de Rusia)	FSB (Federal Security Service of the Russian Federation)
FTX (ejercicio de entrenamiento de campo)	FTX (field training exercise)
Fuego (incendio)	Fire
Fuego a discreción	Fire at discretion
Fuego amigo	Friendly fire
Fuego antiaéreo	Anti-aircraft fire
Fuego cruzado	Crossfire
Fuego de artillería	Artillery fire (shelling)
Fuego de contrabatería	Counter-battery fire
Fuego de supresión (fuego de cobertura)	Suppressive fire (covering fire)
Fuerte (fortaleza, fortificación)	Fort (stronghold, fortress)
Fuerza aérea	Air force
Fuerza aérea de los EE.UU.	U.S. Air force
Fuerza beligerante	Fighting force
Fuerza conjunta	Joint force
Fuerza de Guerra Naval Especial (FGNE)	Special Naval Warfare Force (FGNE)
Fuerza de implementación (IFOR)	Implementation Force (IFOR)
Fuerza de Muy Alta Disponibilidad de la OTAN (VJTF)	Very High Readiness Joint Task Force (VJTF)
Fuerza de Protección de las Naciones Unidas (UNPROFOR)	United Nations Protection Force (UNPROFOR)
Fuerza de reacción rápida (FRR)	Quick reaction force (QRF)
Fuerza de reacción rápida de ACE	ACE Rapid Reaction Corps (ARRC)
Fuerza de reserva militar	Military reserve force
Fuerza de respuesta de la OTAN	NATO Response Force (NRF)
Fuerza de tarea conjunta (JTF)	Joint task force (JTF)
Fuerza Espacial de los EE.UU. (USSF)	United States Space Force (USSF)
Fuerza expedicionaria	Expeditionary force
Fuerza letal	Lethal force
Fuerza Marítima Europea (EUROMARFOR)	European Maritime Force (EUROMARFOR)
Fuerza multinacional	Multi-national force
Fuerza nuclear	Nuclear force
Fuerzas aéreas	Air forces
Fuerzas Aéreas de los Estados Unidos	United States Air Force (USAF)
Fuerzas Aeromóviles del Ejército de Tierra	Spanish Army Airmobile Force
Fuerzas aerotransportadas	Airborne forces
Fuerzas aliadas	Allied forces
Fuerzas Aliadas Centro de Europa (AFCENT)	Allied Forces Central Europe (AFCENT)
Fuerzas Aliadas en el Noroeste de Europa (AFNORTHWEST)	Allied Forces Northwest Europe (AFNORTHWEST)

Fuerzas Aliadas en el Sur de Europa (AFSOUTH)	Allied Forces Southern Europe (AFSOUTH)
Fuerzas Aliadas en Europa Septentrional (AFNORTH)	Allied Forces Northern Europe (AFNORTH)
Fuerzas Armadas	Armed Forces
Fuerzas Armadas Convencionales en Europa (FACE)	Conventional Armed Forces in Europe (CFE)
Fuerzas de mantenimiento de la paz	Peacekeeping forces
Fuerzas de ocupación (fuerzas invasoras)	Occupying forces
Fuerzas especiales (fuerzas de operaciones especiales)	Special forces (special operations forces, SOF)
Fuerzas militares	Military forces
Fuerzas navales	Naval forces
Fuerzas nucleares intermedias (INF)	Intermediate-Range Nuclear Forces (INF)
Fuerzas regulares	Regular troops
Fuerzas terrestres	Ground forces
Fugitivo/a	Fugitive
Fulminante (cápsula fulminante)	Percussion cap
Funda para pistola (pistolera)	Holster (gun holder)
Furriel	Furir (quartermaster)
Fuselaje	Fuselage
Fusil	Rifle
Fusil automático	Automatic rifle
Fusil de asalto	Assault rifle
Fusilamiento	Execution (shooting)
Fusilar	To execute (to shoot)
Fusilero	Fusilier (rifleman)

G

Gabinete de guerra	War cabinet
Gafas de visión nocturna	Night-vision goggles
Galera	Galley
Galón (insignia militar)	Stripe (ribbon)
Garita	Sentry box
Gas nervioso	Nerve agent (nerve gas)
Gatillo (disparador)	Trigger
GBI (Guerra de Baja Intensidad)	LIC (Low Intensity Conflict)
GC (Guardia Civil)	GC (Civil Guard, Spanish military police)
GCE (elemento de combate terrestre)	GCE (Ground Combat Element)
GCHQ (Cuartel General de Comunicaciones del Gobierno - Reino Unido)	GCHQ (Government Communications Headquarters)
GEL (Guerra Electrónica)	EW (Electronic Warfare)
Gemelos de campaña (prismáticos)	Field glasses
Generador (grupo electrógeno)	Generator (genset)
Generador eléctrico	Electric generator (power generator)
General	General
General de Brigada	Brigadier General
General de División	Major General
Genocidio	Genocide
GEOINT (inteligencia geoespacial)	GEOINT (Geospatial Intelligence)
GGM (misil tierra-tierra)	GGM (Ground-to-Ground Missile)
Gimnasio	Gymnasium (gym)
Globo de observación (globo espía)	Observation balloon (spy balloon)
GMLRS (sistemas de lanzacohetes múltiples guiados)	GMLRS (Guided Multiple Launch Rocket Systems)
Gobierno militar	Military government
GOE (Grupo de Operaciones Especiales)	GOE (Spanish special operations group)
Golpe de gracia	Coup de grâce
Golpe militar	Military coup (coup d'état)
Gorra	Cap
Gorra militar	Army cap
Gorro de marinero	Sailor cap
GPS (sistema de posicionamiento global)	GPS (Global Positioning System)
Grado de letalidad	Lethality rate
Grado militar	Military level
Graduación (grado, rango militar)	Rank
Gran estrategia (alta estrategia)	Grand strategy (high strategy)
Granada	Grenade (hand grenade)
Granada aturdidora (granada cegadora, flashbang)	Stun grenade (flash grenade, flashbang, sound bomb)

Granada de humo	Smoke grenade
Granada de mano	Hand grenade
Granada de mortero	Shell grenade
Grito de guerra (grito de batalla)	War cry (battle cry)
Grúa	Crane
Grúa military	Military crane
Grupo aeronaval	Carrier air group
Grupo armado	Armed group
Grupo de acción pirata (PAG)	Pirate action group (PAG)
Grupo de combate	Battle group (combat group)
Grupo de ejército	Army group
Grupo de observadores de la ONU	United Nations observer group
Grupo de operaciones especiales	Special operations group
Grupo guerrillero	Guerrilla group
Grupo paramilitar	Paramilitary group
Grupo propulsor (unidad de alimentación)	Power pack
Grupo táctico (GT)	Tactical group (TG)
GTAM (misil tierra-aire)	GTAM (Ground-To-Air Missile)
Guardacostas (guardia costera)	Coast guard (coastguard)
Guardia	Guard
Guardia Civil (GC)	Civil Guard (GC, Spanish military police)
Guardia Costera de los EE.UU.	US Coast Guard
Guardia Nacional	National Guard
Guardia nocturna	Night watch
Guardiamarina	Midshipman
Guarnecer (acuartelar)	To garrison
Guarnición (cuartel)	Garrison
Guerra	War (warfare)
Guerra aérea	Air war (aerial warfare, anti-air warfare)
Guerra anfibia	Amphibious warfare
Guerra antisubmarina (ASW)	Anti-submarine warfare (ASW)
Guerra asimétrica	Asymmetric warfare
Guerra bacteriológica	Germ warfare
Guerra biológica	Biological warfare
Guerra blindada (guerra acorazada)	Armoured war
Guerra civil	Civil war
Guerra contra el terrorismo	War on terrorism (war on terror)
Guerra convencional	Conventional warfare
Guerra de baja intensidad (GBI)	Low intensity conflict (LIC)
Guerra de cuarta generación (4GW)	Fourth-generation warfare (4GW)
Guerra de desgaste	Attritional war (war of attrition)
Guerra de exterminio	War of extermination
Guerra de guerrillas	Guerrilla warfare
Guerra de independencia	War of independence
Guerra de la información	Information warfare

Guerra de las Galaxias	Star Wars
Guerra de maniobras	Manoeuvre warfare (maneuver warfare)
Guerra electrónica (GEL)	Electronic warfare (EW)
Guerra espacial	Space warfare
Guerra Fría	Cold War
Guerra híbrida	Hybrid war
Guerra irregular	Irregular warfare
Guerra mundial	World war
Guerra naval	Naval warfare
Guerra NBQ	NBC war
Guerra popular	Popular war (people's war)
Guerra proxy (guerra por procuración)	Proxy war
Guerra psicológica	Psychological warfare
Guerra química	Chemical warfare
Guerra relámpago	Blitzkrieg
Guerra sin cuartel	All-out war (battle to the death)
Guerra subsidiaria (guerra proxy)	Proxy war
Guerra sucia	Dirty war
Guerra terrestre	Ground warfare (land warfare)
Guerra total	Full-scale war
Guerra urbana	Urban warfare
Guerrero/a (combatiente)	Warrior (fighter)
Guerrilla	Guerrilla armed forces (guerrilla group)
Guerrillero	Guerrilla

H

Hacer blanco (hacer impacto)	To hit
Hacer guardia	To guard
Hacer un reconocimiento	To recce (to recon)
Hacer un tratado de paz (firmar la paz)	To make peace (to sign a peace treaty)
HAHO (gran altitud-alta apertura)	HAHO (High Altitude-High Opening)
HALO (gran altitud-baja apertura)	HALO (High Altitude-Low Opening)
Hangar	Hangar
Hasta la última gota de sangre	Until the last drop of blood
Hélice	Propeller
Helicóptero	Helicopter
Helicóptero anticarro	Anti-tank helicopter
Helipuerto	Heliport (helipad)
Herida	Wound (injury)
Herida abierta	Open wound
Herida de bala	Bullet wound
Herida por arma de fuego	Gunshot wound
Herida profunda	Deep wound
Herida superficial	Superficial wound
Herido/a	Wounded (injured)
Herir	To wound (to injure)
Héroe (heroína)	Hero (heroine)
Héroe de guerra (heroína de guerra)	War hero (war heroine)
Hijo/a de militares	Military brat
HIMARS (sistema de cohetes de artillería de alta movilidad)	HIMARS (High Mobility Artillery Rocket System)
Hipersónico/a	Hypersonic
Historia militar	Military history
HMMWV (vehículo militar multipropósito, humvee)	HMMWV (High Mobility Multipurpose Wheeled Vehicle, Humvee)
Holocausto	Holocaust
Honda	Sling (slingshot)
Honores militares	Military honours
Hora militar	Military time
Hospital de campaña	Field hospital
Hospital militar	Military hospital
Hostil	Hostile
Hostilidades	Hostilities
HTH (H2H, combate cuerpo a cuerpo)	HTH (H2H, hand-to-hand combat)
HUD (pantalla de visualización frontal)	HUD (Head-Up Display)
HUMINT (inteligencia humana)	HUMINT (Human Intelligence)
Humvee (vehículo militar multipropósito,	Humvee (High Mobility Multipurpose

HMMWV)	Wheeled Vehicle, HMMWV)
Hundido/a	Sunken
Hundir	To sink

I

I+D (Investigación y Desarrollo)	R&D (Research & Development)
ICBM (misil balístico intercontinental)	ICBM (Intercontinental Ballistic Missile)
ICCM (misil de crucero intercontinental)	ICCM (Intercontinental Cruise Missile)
Identidad europea de seguridad y defensa (ESDI)	European security and defence identity (ESDI)
IDS (Iniciativa de Defensa Estratégica)	SDI (Strategic Defence Initiative)
IED (artefactos explosivos improvisados)	IED (Improvised Explosive Devices)
IFOR (fuerza de implementación)	IFOR (Implementation Force)
IGM (Primera Guerra Mundial	WWI (World War I, First World War)
IIGM (Segunda Guerra Mundial)	WWII (World War II, Second World War)
IISS (Instituto Internacional de Estudios Estratégicos)	IISS (International Institute for Strategic Studies)
ILS (Programa Logístico Integrado)	ILD (Integrated Logistics Support)
Imágenes por satélite	Satellite imagery
Imaginaria (vigilante por las noches)	Night guard (night watchman)
Impactar	To impact (to crash into, to collide, to hit)
Impacto	Impact (hit)
Impacto directo	Direct hit
Incremento de tropas	Troop surge
Incursión (ataque, redada)	Raid
Industria military	Military industry
INF (fuerzas nucleares intermedias)	INF (Intermediate-Range Nuclear Forces)
Infantería	Infantry
Infantería de marina	Naval infantry
Infantería mecanizada	Mechanised infantry
Infantería motorizada	Motorised infantry
Infiltración	Infiltration
Infiltración militar	Military infiltration
Infiltrado/a (informador/a)	Insider
Información clasificada	Classified information
Información privilegiada	Insider information
Informante (informador/a, confidente)	Informant (informer)
Informar (notificar)	To report
Informe	Report
Infraestructura	Infrastructure
Infraestructura civil	Civil infrastructure
Infraestructura militar	Military infrastructure
Ingeniero de vuelo	Flight engineer
Ingenieros	Engineers
Iniciativa Estratégica de Defensa (SDI)	Strategic Defence Initiative (SDI)
Insignia	Badge

Insignia de honor	Badge of honour (badge of honor)
Inspección	Inspection
Inspeccionar	To inspect
Instalaciones	Facilities
Instalaciones de mantenimiento	Servicing facilities
Instrucción (adiestramiento)	Drill
Instrucción militar	Military training
Insubordinación	Insubordination
Insubordinado/a	Insubordinate
Insurgencia (sublevación, rebelión)	Insurgency (rebellion)
Inteligencia	Intelligence
Inteligencia de fuentes abiertas (OSINT)	Open-source intelligence (OSINT)
Inteligencia de señales (SIGINT)	Signals intelligence (SIGINT)
Inteligencia electrónica (ELINT)	Electronic intelligence (ELINT)
Inteligencia en comunicaciones (COMINT)	Communications Intelligence (COMINT)
Inteligencia estratégica (STRATINT)	Strategic intelligence (STRATINT)
Inteligencia geoespacial (GEOINT)	Geospatial intelligence (GEOINT)
Inteligencia humana (HUMINT)	Human intelligence (HUMINT)
Inteligencia militar	Military intelligence
Inteligencia, vigilancia y reconocimiento (ISR)	Intelligence, surveillance and reconnaissance (ISR)
Inteligencia, vigilancia, localización de objetivos y reconocimiento (ISTAR)	Intelligence, surveillance, target acquisition and reconnaissance (ISTAR)
Intendencia (cuerpo de intendencia)	Logistics (quartermaster)
Intendente general	Quartermaster (QM)
Intento de golpe de estado	Attempted coup
Intercambio de prisioneros	Prisoner exchange (prisoner swap)
Interceptador (caza de interceptación)	Fighter-interceptor
Interceptar	To intercept
Interceptor	Interceptor
Interdicción	Interdiction
Interferencia de GPS	GPS jamming
Interferencias de radio	Radio jamming
Intervención militar	Military intervention
Inundación	Flood
Invasión	Invasion
Invasión por aire	Invasion by air
Invasión por mar	Invasion by sea
Invasión por tierra (invasión terrestre)	Invasion by land (ground invasion)
Invasor/a (adj.)	Invading
Invasor/a (sust.)	Invader
Invencible	Invincible (unbeatable)
Investigación y Desarrollo (I+D)	Research & Development (R&D)
IOC (capacidad operativa inicial)	IOC (Initial operational Capability)
IPU (Unidad de Policía Integrada)	IPU (Integrated Police Units)

IR (infrarrojos)	IR (infrared)
Ir a la guerra	To go to war
Ir al frente	To go to the front line
IRBM (misil balístico de alcance intermedio)	IRBM (Intermediate-Range Ballistic Missile)
IRR (reserva individual en alerta)	IRR (Individual Ready Reserve)
Irreparable (inservible)	Unserviceable
IRT (equipo de reacción inmediata)	IRT (Immediate Reaction Team)
IRTC (corredor de tránsito internacionalmente recomendado)	IRTC (International Recommended Transit Corridor)
ISAF (fuerza internacional de asistencia para la seguridad)	ISAF (International Security Assistance Force)
ISR (inteligencia, vigilancia y reconocimiento)	ISR (Intelligence, Surveillance and Reconnaissance)
ISTAR (inteligencia, vigilancia, localización de objetivos y reconocimiento)	ISTAR (Intelligence, Surveillance, Target Acquisition and Reconnaissance)
Izada de la bandera	Raising of the flag
Izar bandera	To raise the flag

J

Jeep militar	Military jeep
Jefatura de órdenes	Orders Group (O group)
Jefe	Chief (commander)
Jefe de batallón	Battalion commander
Jefe de carro	Tank commander
Jefe de compañía	Company commander
Jefe de destacamento	Detachment commander
Jefe de escuadrilla	Flight commander
Jefe de escuadrón	Squadron commander
Jefe de Estado Mayor (JEM)	Chief of Staff (COS)
Jefe de Estado Mayor de Defensa (JEMAD)	Chief of defence (head of defence)
Jefe de pelotón	Section commander
Jefe del Estado Mayor del Aire (JEMA)	Chief of the Air Staff
Jefe de la guarnición	Garrison commander
JEM (Jefe de Estado Mayor)	COS (Chief Of Staff)
JEMAD (Jefe de Estado Mayor de la Defensa)	JEMAD (Spanish Chief of Staff)
Jerarquía	Hierarchy
Jerarquía militar	Military hierarchy
Jerárquico/a	Hierarchic (hierarchical)
JOA (zona de operaciones conjuntas)	JOA (Joint Operations Area)
JOINTEX (ejercicio común)	JOINTEX (joint exercise)
JPL (laboratorio de propulsión a reacción)	JPL (Jet Propulsion Laboratory)
JTF (fuerza de tarea conjunta)	JFT (Joint Task Force)
Juego de guerra (simulacro de guerra)	War game
Juicio sumario	Summary trial (summary judgment)
Junta militar	Military junta (military government)
Jura de bandera	Swearing of allegiance to the flag
Jurisdicción militar	Military jurisdiction
Justicia militar	Military justice (military law)
JWID (demostración de tecnologías de la información y las comunicaciones)	JWID (Joint Warrior Interoperability Demonstration)

K

Kamikaze	Kamikaze
Kill chain (cadena de ataque)	Kill chain
Kilotón	Kiloton
Kit de supervivencia	Survival kit

L

Laboratorio de investigación	Research laboratory
Laboratorio de Investigación de la Fuerza Aérea de Estados Unidos (AFRL)	Air Force Research Laboratory (AFRL)
Laboratorio de Propulsión a Reacción	Jet Propulsion Laboratory (JPL)
Lancha	Boat (speedboat)
Lancha de asalto	Assault boat
Lancha de desembarco	Landing craft
Lancha de desembarco mecanizada	Landing craft mechanised (LCM)
Lancha de vigilancia costera (LVC)	Coastal patrol vessel
Lancha motora	Powerboat (speedboat)
Lancha patrullera	Patrol boat
Lancha rápida	Speedboat
Lanza	Spear (lance)
Lanzacohetes (lanzador de cohetes)	Rocket launcher
Lanzacohetes múltiple (MRL)	Multiple rocket launcher (MRL)
Lanzagranadas	Grenade launcher
Lanzallamas	Flamethrower
Lanzamiento	Launch
Lanzamisiles (lanzador de misiles)	Missile launcher
Lanzar	To launch
Lanzar un ataque	To launch an attack
Lanzar un misil	To launch a missile
Lanzar una bomba (desde un avión)	To drop a bomb
Largo alcance (larga distancia)	Long range
LÁSER (amplificación de la luz por emisión estimulada de radiación)	LASER (Light Amplification by Stimulated Emission of Radiation)
Láser aerotransportado (ABL)	Airborne laser (ABL)
Láser de alta potencia	Ultra-high-power laser
Láser de electrones libres (FEL)	Free-electron laser (FEL)
Láser químico de yodo oxigenado (COIL)	Chemical oxygen iodine laser (COIL)
LAV (vehículo blindado ligero)	LAV (Light Armoured Vehicle)
LAW (arma autónoma letal)	LAW (Lethal Autonomous Weapon)
LAW (arma ligera anticarro, lanzacohetes antitanque)	LAW (Light Anti-tank Weapon, Light Anti-armour Weapon)
LCC (barcaza de desembarco de control)	LCC (landing craft control)
LCC (mando de componente terrestre)	LCC (Land Component Command)
LCM (lancha de desembarco mecanizada)	LCM (Landing Craft Mechanised)
LCN (barcaza de desembarco de navegación)	LCN (Landing Craft Navigation)
LCT (barcaza de desembarco de tanque)	LCT (Landing Craft Tank)
LCVP (barcaza de desembarco de vehículos y personal)	LCVP (Landing Craft, Vehicle, Personnel)

Lealtad	Loyalty (allegiance)
Lealtad a la patria	Loyalty to the homeland
Legión	Legion
Legión extranjera	Foreign legion
Legión Extranjera Francesa	French Foreign Legion
Legionario/a	Legionnaire
Lema	Motto (slogan)
Lesa humanidad (crímenes de lesa humanidad)	Crimes against humanity
Lesión (daño, herida)	Injury
Letal	Lethal
Letalidad	Lethality
Letrina (retrete, lavabo)	Latrine (toilet)
Leva (reclutamiento)	Draft (conscription, levy)
Levantamiento del toque de queda	Lifting of the curfew
Levar (levar el ancla)	To weigh anchor
Ley marcial	Martial law
Ley militar (legislación militar)	Military law
Librar una guerra (desatar una guerra)	To wage a war
Licenciar	To discharge
Limpieza étnica	Ethnic cleansing
Línea de combate	Battle line (front line)
Línea de visión prevista (PLOS)	Predicted line of sight (PLOS)
Líneas enemigas	Enemy lines
Litera	Bunk (bunk bed)
Llamado a filas	Call-up
Llamar a filas (reclutar)	To call-up (to recruit, to conscript)
LMG (ametralladora ligera)	LMG (Light Machine Gun)
Localización (posición)	Location
Localizar	To locate
Logística	Logistics
LOT (equipo de enlace y observación)	LOT (Liaison and Observation Team)
LPD (buque de transporte anfibio)	LPD (Landing Platform Dock)
LRBM (misil balístico de largo alcance)	LRBM (Long-Range Ballistic Missile)
LRCCM (misil de crucero convencional de largo alcance)	LRCCM (Long-Range Conventional Cruise Missile)
LSD (buque de desembarco dique)	LSD (Landing Ship Dock)
LST (buque de desembarco tanques)	LST (Landing Ship Tank)
Lucha (combate)	Fight (fighting, combat)
Luchador táctico avanzado (ATF)	Advanced tactical fighter (ATF)
Luchar (combatir)	To fight (to combat, to battle)
Luchar hasta la última gota de sangre	To fight to the last drop of blood
LVT (vehículo de desembarco con orugas)	LVT (Landing Vehicle Tracked)

M

MAC (control de acceso obligatorio)	MAC (Mandatory Access Control)
Machete	Machete
Madre patria	Mother country (fatherland)
Maestro armero	Master armourer
Mandar (ordenar)	To order
Mando	Command
Mando Aéreo Aliado (AIRCOM)	Allied Air Command (AIRCOM)
Mando aéreo táctico (TAC)	Tactical Air Command (TAC)
Mando aéreo y control (ACCS)	Air Command and Control System (ACCS)
Mando Aliado Atlántico (ACLANT)	Allied Command Atlantic (ACLANT)
Mando Aliado de Europa (ACE)	Allied Command Europe (ACE)
Mando Aliado de Operaciones (ACO)	Allied Command Operations (ACO)
Mando Aliado del Canal (ACCHAN)	Allied Command Channel (ACCHAN)
Mando de componente terrestre (LCC)	Land component command (LCC)
Mando de las Fuerzas Conjuntas	Joint Force Command
Mando de Operaciones Especiales (MOE)	Special Operations Command (SOCOM)
Mando estadounidense para África (AFRICOM)	United States Africa Command (AFRICOM)
Mando y control (C2)	Command and control (C2)
Mando, control y comunicaciones (C3)	Command, control and communications (C3)
Mandos subordinados principales	Principal subordinate commanders (PSC)
Manifestación contra la guerra	Anti-war march (anti-war demonstration)
Maniobrabilidad	Manoeuvrability (maneuverability)
Maniobras	Manoeuvres (maneuvers)
MANPADS (sistema de defensa antiaérea portátil)	MANPADS (Man-Portable Air-Defence System)
MANPATS / MPATS (Sistemas antitanque portátiles)	MANPATS / MPATS (Man-Portable Anti-Tank Systems)
Mantener la paz	To keep the peace
Mantenerse firme	To stand fast
Mantenimiento	Maintenance
Mantenimiento de la paz	Peacekeeping
Mapa	Map
Marcha	March
Marcha militar	Military march
Marchar	To march
Marcial (militar, del ejército)	Martial (military)
Marina	Navy
Marina de los EE. UU.	U.S. Navy
Marina mercante (flota mercante)	Merchant navy (merchant fleet)

Marina Real Británica	Royal Navy
Marinería	Seamanship
Marinero	Sailor (ordinary seaman)
Marinero de primera	Able seaman
Marines (infantería de marina)	Marines (naval infantry)
Martillo y yunque (táctica militar)	Hammer and anvil (military tactic)
Masacrar	To massacre (to slaughter)
Masacre	Massacre
Máscara	Mask
Máscara antigás	Gas mask (respirator)
Máscara de oxígeno	Oxygen mask
Mástil (palo)	Mast
Matanza (masacre, carnicería)	Slaughter (massacre, carnage)
Materia explosiva	Explosive substance
Material militar	Military hardware
Mayor	Major
Mazmorra	Dungeon
MBT (tanque de batalla principal, carro de combate universal)	MBT (Main Battle Tank, battle tank, universal tank)
MC (Comité Militar)	MC (Military Committee)
Mecánico/a (adj.)	Mechanical
Mecánico/a (sust.)	Mechanic
Medalla	Medal
Medalla de Honor	Medal of Honor
MEDEVAC (evacuación médica)	MEDEVAC (medical evacuation)
Media asta (media driza)	Half-mast (half-staff)
Media vuelta	About turn (about-face)
Médico de combate	Combat medic
Médico militar	Military doctor
Médicos sin Fronteras (MSF)	Médecins Sans Frontières (MSF)
Medidas de apoyo electrónico (ESM)	Electronic support measures (ESM)
Medidas de fomento de confianza (CBM)	Confidence-building measures (CBM)
Medidas de fomento de confianza y seguridad (CSBM)	Confidence and security building measures (CSBM)
Medio alcance (media distancia)	Medium range
Megatón	Megaton
Memorial (monumento)	Memorial
Memorial de guerra	War memorial
Mensaje	Message
Mensaje cifrado	Encrypted message (coded message)
MEPS (centro de procesamiento de entrada a las Fuerzas Armadas)	MEPS (Military Entrance Processing Station)
Mercenario/a	Mercenary
Metralla	Shrapnel
MEU (Unidad Expedicionaria de Marines)	MEU (Marine Expeditionary Unit)
MG (ametralladora)	MG (machine gun)

MIDS (sistema de distribución de información multifuncional)	MIDS (Multifunctional Information Distribution System)
Milicia	Militia
Miliciano/a	Militiaman (militiawoman)
Militar (adj.)	Military
Militar (sust.)	Soldier (serviceman, servicewoman)
Militar retirado/a	Military retiree
Militarismo	Militarism
Militarista (adj. / sust.)	Militaristic / Militarist
Militarización	Militarisation (militarization)
Militarizar	To militarise (to militarize)
Milla	Mile
Milla náutica (milla marina)	Nautical mile
Mina (explosivo)	Mine (explosive)
Mina anticarro	Anti-tank mine
Mina antipersona	Anti-personnel mine
Mina antivehículo	Anti-vehicle mine
Mina marina	Naval mine
Mina terrestre	Landmine
Minar (poner minas)	To mine (to lay mines)
Minibombas	Bomblets
Minigun (ametralladora multicañón)	Minigun (six-barrel rotary machine gun)
Ministerio de Defensa	Ministry of Defence (Dept. of Defense)
Ministro/a de Defensa	Minister of Defence
Mira (mirilla)	Sight
Mira telescópica	Telescopic sight (scope)
Mira telescópica térmica	Thermal weapon sight
Misil	Missile
Misil aire-aire	Air-to-air missile
Misil aire-aire de corto alcance	Short-range air-air missile
Misil aire-tierra	Air-to-ground missile
Misil aire-superficie	Air-to-surface missile
Misil antibalístico	Anti-ballistic missile
Misil antibuque	Anti-ship missile
Misil antimisil	Antimissile missile
Misil antisubmarino	Anti-submarine missile
Misil avanzado aire-aire de medio alcance (AMRAAM)	Advanced Medium-Range Air-to-Air Missile (AMRAAM)
Misil avanzado de corto alcance aire-aire (ASRAAM)	Advanced Short-Range Air-to-Air Missile (ASRAAM)
Misil balístico	Ballistic missile
Misil balístico de alcance intermedio (IRBM)	Intermediate-range ballistic missile (IRBM)
Misil balístico de alcance medio (MRBM)	Medium-range ballistic missile (MRBM)
Misil balístico de corto alcance (SRBM)	Short-range ballistic missile (SRBM)
Misil balístico de largo alcance (LRBM)	Long-range ballistic missile (LRBM)

Misil balístico estratégico	Strategic ballistic missile
Misil balístico hipersónico	Hypersonic ballistic missile
Misil balístico intercontinental (ICBM)	Intercontinental ballistic missile (ICBM)
Misil balístico lanzado desde el aire (ALBM)	Air-launched ballistic missile (ALBM)
Misil balístico lanzado desde submarino (SLBM)	Submarine-launched ballistic missile (SLBM)
Misil balístico nuclear submarino (SSBN)	Submarine ship ballistic nuclear (SSBN)
Misil balístico táctico	Tactical ballistic missile
Misil de crucero	Cruise missile
Misil de crucero convencional de largo alcance (LRCCM)	Long-range conventional cruise missile (LRCCM)
Misil de crucero intercontinental (ICCM)	Intercontinental cruise missile (ICCM)
Misil de crucero lanzado desde el aire	Air-launched cruise missile (ALCM)
Misil estratégico	Strategic missile
Misil estratégico lanzado desde el aire	Air-launched strategic missile
Misil guiado	Guided missile
Misil guiado antitanque (ATGM)	Anti-tank guided missile (ATGM)
Misil lanzado a distancia de seguridad	Stand-off missile
Misil lanzado desde el aire	Air-launched missile
Misil nuclear (arma nuclear)	Nuclear missile (nuke)
Misil táctico	Tactical missile
Misil tierra-aire (SAM)	Surface-to-air missile (SAM)
Misil tierra-tierra (GGM)	Ground-to-ground missile (GGM)
Misil tierra-tierra (SSM)	Surface-to-surface missile (SSM)
Misiles antiaéreos	Anti-aircraft missiles
Misiles guiados por infrarrojos	Infrared-guided missiles
Misión	Mission
Misión cumplida	Mission accomplished
Misión de Asesoramiento Militar de la Unión Europea (EUMAN)	European Union Military Advisory Mission (EUMAN)
Misión de las Naciones Unidas	United Nations mission
Misión de paz	Peace mission
Misión de reconocimiento	Reconnaissance mission
Misión especial	Special mission
Misión pacificadora	Peacekeeping mission
MLRS (sistema de lanzacohetes múltiple)	MLRS (Multiple Launch Rocket System)
Mochila	Rucksack (backpack)
Monumento al soldado caído	War memorial
MOOTW (operaciones militares distintas de la guerra)	MOOTW (Military Operations Other Than War)
Moral (estado de ánimo)	Morale (high spirits)
Moral alta	High morale
Morir por la patria	To die for your country
Morro de un avión	Nose of an aircraft
Mortero	Mortar
MOS (especialidad ocupacional militar)	MOS (Military Occupational Specialty)

Mosquetón	Musket
Motocicleta	Motorcycle (motorbike)
Motocicleta con sidecar	Motorcycle with a sidecar
Motor	Engine
MOUT (operaciones militares en terrenos urbanos)	MOUT (Military Operations in Urban Terrain
Movilidad táctica	Tactical mobility
Movilización	Mobilisation
Movilización de tropas	Mobilisation of troops
Movilizar	To mobilise (to mobilize)
Movimiento contra la guerra (antibélico)	Anti-war movement
Movimiento de resistencia	Resistance movement
Movimiento de tropas	Troop movement
Movimientos militares	Military movements
MRBM (misil balístico de alcance medio)	MRBM (Medium-Range Ballistic Missile)
MRE (comida lista para comer)	MRE (meal ready to eat)
MRL (lanzacohetes múltiple)	MRL (Multiple Rocket Launcher)
MSF (Médicos Sin Fronteras)	MSF (Médecins Sans Frontières)
MSU (unidad multinacional especializada)	MSU (Multinational Specialised Unit)
MTT (equipo móvil de adiestramiento)	MTT (Mobile Training Team)
Muelle (embarcadero, dársena)	Dock
Muerte	Death
Muerto/a (fallecido/a)	Killed (dead)
Muerto/a en combate	Killed in action (KIA)
Muerto/a por heridas	Dead of wounds (DOW)
Munición	Ammunition (munition)
Munición de fogueo	Blank ammunition
Munición frangible	Frangible ammunition
Munición real	Live ammunition
Munición sin explotar	Unexploded munition (blind)
Municiones en racimo	Cluster munitions
Municiones no detonadas	Unexploded ordnance (UXO, UO)
Muralla	Wall (rampart)
Muralla defensiva	Defensive wall
Mutilación	Mutilation
Mutilado/a	Maimed (mutilated)
Mutilado/a de guerra	Maimed from the war
Mutilar	To mutilate (to maim, to cripple)
MWR (Recreación, Bienestar y Espíritu)	MWR (Morale, Welfare and Recreation)

N

Naciones Unidas	United Nations
Naufragio	Shipwreck
Navaja (navaja de bolsillo)	Knife (pocket knife)
Navaja multiusos	Utility knife
Navegación	Navigation
Navegar	To navigate (to sail)
NBQ (Nuclear, Biológica y Química)	NBC (Nuclear, Biological and Chemical)
NCO (suboficial)	NCO (Non-Commissioned Officer)
Neutralización de material explosivo	Explosive ordnance disposal (EOD)
NFZ (zona de exclusión aérea)	NFZ (No-Fly Zone)
Nido de ametralladoras	Machine gun nest
Niebla de guerra	Fog of war
Niño soldado	Child soldier
Nivel de alerta	Alert level (alert state, DEFCON)
NLAW (arma ligera antitanque de nueva generación)	NLAW (Next Generation Light Anti-Tank Weapon)
No combatiente	Non-combatant
No estar de servicio (no estar de guardia)	To be off duty
NOM (Nuevo Orden Mundial)	NWO (New World Order)
Non Sibi Sed Patriae (No por uno, sino por la Patria)	Non Sibi Sed Patriae (Not for self, but for country)
Novatada	Prank (hazing)
Novato	Novice (fresher)
NSA (Agencia de Seguridad Nacional de EE.UU.)	NSA (National Security Agency)
Nudo	Knot
Nudo marinero	Reef knot (sailor's knot)
Nuevo orden mundial	New world order
Número mach	Mach number
NWS (estados poseedores de armas nucleares)	NWS (Nuclear-Weapon States)

O

Obedecer	To obey
Obediencia	Obedience
Obediencia debida (obediencia jerárquica)	Due obedience
Objeción de conciencia	Conscientious objection
Objetivo	Target (objective)
Objetivo militar	Military target (military objective)
Objetivo militar legítimo	Legitimate military target
Objetivos estratégicos	Strategic objectives
Objetor/a de conciencia	Conscientious objector (conchie)
Observación	Observation
Observador militar de Naciones Unidas	United Nations military observer
Observador/a	Observer
Obús	Howitzer (bombshell)
OCDE (Organización para la Cooperación y el Desarrollo Económico)	OECD (Organisation for Economic Co-operation and Development)
OCHA (Oficina para la Coordinación de Asuntos Humanitarios)	OCHA (Office for the Coordination of Humanitarian Affairs)
OCS/OTS (Escuela de Aspirantes a Oficial/Entrenamiento para Oficiales)	OCS/OTS (Officer Candidate School/Officer Training School)
Ocupación	Occupation
Ocupación militar	Military occupation
Ofensiva (ataque)	Offensive (attack)
Ofensiva militar	Military offensive
Oficial	Officer
Oficial al mando	Commanding officer
Oficial comisionado	Commissioned officer
Oficial con nombramiento directo (DCO)	Direct Commission Officer (DCO)
Oficial de aprovisionamiento	Supply officer
Oficial de cocina	Catering officer
Oficial de contabilidad	Accountant officer
Oficial de enlace	Liaison officer
Oficial de enlace aéreo (ALO)	Air Liaison Officer (ALO)
Oficial de Estado Mayor	Staff Officer (SO)
Oficial de guardia	Duty officer
Oficial de transmisiones	Signals officer
Oficial ejecutivo	Executive Officer (XO)
Oficial médico (médico militar)	Medical officer (military doctor)
Oficial militar	Military officer
Oficial naval (oficial de marina)	Naval officer
Oficiales	Officers
Oficina de la unidad administrativa	Orderly room

Oficina para la Coordinación de Asuntos Humanitarios (OCHA)	Office for the Coordination of Humanitarian Affairs (OCHA)
Ofrecerse como voluntario/a	To volunteer
OIEA (Organismo Internacional de la Energía Atómica)	IAEA (International Atomic Energy Agency)
Ojiva (cabeza explosiva)	Warhead
Ojiva nuclear (cabeza nuclear)	Nuclear warhead
ONU (Organización de las Naciones Unidas)	UNO (United Nations Organisation)
OPAQ (Organización para la Prohibición de las Armas Químicas	OPCW (Organisation for the Prohibition of Chemical Weapons)
Operación	Operation
Operación militar	Military operation
Operaciones especiales	Special operations
Operaciones militares distintas de la guerra (MOOTW)	Military Operations Other Than War (MOOTW)
Operaciones militares en terrenos urbanos (MOUT)	Military operations in urban terrain (MOUT)
Operaciones militares punitivas	Punitive military operations
Operaciones urbanas (guerra urbana)	Urban operations (UO, urban warfare)
Operador/a	Operator
Operador/a de radar (radarista)	Radar operator
Operador/a de radio	Radio operator
Oponente (contrincante)	Opponent (adversary)
Orden	Order
Orden de alerta (orden preventiva)	Warning order
Orden mundial	World order
Ordenanza (asistente de un oficial)	Orderly (batman)
Organismo internacional	International body (international agency)
Organismo Internacional de la Energía Atómica (OIEA)	International Atomic Energy Agency (IAEA)
Organización del Tratado del Atlántico Norte (OTAN)	North Atlantic Treaty Organisation (NATO)
Organización internacional	International organisation
Organización para la Cooperación y el Desarrollo Económico (OCDE)	Organisation for Economic Co-operation and Development (OECD)
Organización para la Prohibición de las Armas Químicas (OPAQ)	Organisation for the Prohibition of Chemical Weapons (OPCW)
Organización terrorista	Terrorist organisation
Organizaciones de derechos humanos	Human rights organisations
Orgullo	Pride
OSINT (inteligencia de fuentes abiertas)	OSINT (Open-Source Intelligence)
OTAN (Organización del Tratado del Atlántico Norte)	NATO (North Atlantic Treaty Organisation)

P

Pabellón de deportes	Sports pavilion
Pacificación	Pacification
Pacífico/a	Peaceful
Pacifista	Pacifist
PAG (grupo de acción pirata)	PAG (Pirate Action Group)
Países beligerantes	Belligerent countries (warring countries)
Pala	Shovel
Paloma de la paz	Dove of peace
Pantalla de radar	Radar screen
Papear (zampar, comer)	To chow down (to eat)
Papeo (comida)	Chow (mess, food)
Paquete bomba	Mail bomb (package bomb)
Paracaídas	Parachute
Paracaídas de emergencia	Emergency parachute
Paracaídas de reserva (de respaldo)	Reserve parachute (backup parachute)
Paracaidismo	Parachuting
Paracaidista	Paratrooper
Paramédico/a	Paramedic (paramedical)
Paramilitar	Paramilitary (militia)
Paredón (pared para fusilamientos)	Firing line (firing wall)
Paso al frente	Step forward
Paso doble	Double march
Paso lento	Slow march
Paso ligero	Quick march
Patria	Homeland (country)
Patriota	Patriot
Patriótrico/a	Patriotic
Patriotismo	Patriotism
Patrulla	Patrol
Patrulla aérea	Air patrol
Patrulla de reconocimiento	Reconnaissance patrol
Patrullas de combate	Combat patrols
Patrullas de reconocimiento especial	Special reconnaissance patrols
Patrullero/a (lancha patrullera)	Patrol boat
Paz	Peace
PCS (cambio de puesto permanente)	PCS (Permanent Change of Station)
Peligro	Danger
Pelotón	Platoon (squad)
Pelotón de fusilamiento	Firing squad
Permiso	Leave

Persecución política	Political persecution
Perseguir (dar caza)	To pursue (to chase)
Persona armada (pistolero/a)	Gunman
Personal de mantenimiento	Maintenance staff
Personal de servicio	Service personnel
Personal médico militar	Military medical personnel
Personal militar	Military personnel
Pertrechos (aprovisionamientos)	Ammunition and supplies
PESC (Política Exterior y de Seguridad Común)	CFSP (Common Foreign and Security Policy)
PESCO (cooperación estructurada permanente)	PESCO (Permanent Structured Cooperation)
Petate (mochila)	Backpack (rucksack, bag)
PFT (prueba de aptitud física)	PFT (Physical Fitness Test)
PHIBEX (ejercicio anfibio)	PHIBEX (amphibious exercise)
Piedra	Stone
Pieza de artillería (cañón)	Cannon
Piezas de repuesto	Spare parts
Piloto (piloto aviador)	Pilot (air pilot)
Piloto automático	Autopilot
Piloto de caza (piloto de combate)	Fighter pilot
Pista de rodaje	Taxiway
Pistola	Pistol (handgun)
Pistola de bengalas	Flare gun
Pistolera (funda para pistola, cartuchera)	Holster (gun holder)
Plan de acción para la preparación (RAP)	Readiness Action Plan (RAP)
Plan de vuelo	Flight plan
Plan estratégico conjunto	Joint strategic plan
Plana mayor	Staff (staff officers, top brass)
Planeador	Glider
Planear	To hover
PLANELM (Elemento de Planeamiento)	PLANELM (Planning Element)
Planificación del vuelo	Flight planning
Plataforma de aterrizaje (helipuerto)	Helipad (heliport)
Plaza de armas	Parade ground
Plaza fuerte	Fortress (stronghold)
PLOS (línea de visión prevista)	PLOS (Predicted Line Of Sight)
PLSS (sistema de localización y ataque de precisión)	PLSS (Precision Location Strike System)
PM (Policía Militar)	MP (Military Police)
PMC (empresa militar privada)	PMC (Private Military Company)
POC (punto de contacto)	POC (Point Of Contact)
Poder	Power
Poder militar	Military power
Poderoso/a (fuerte)	Powerful (mighty, strong)
Policía Militar (PM)	Military Police (MP)

Política de disuasión nuclear	Nuclear deterrence policy
Política Exterior y de Seguridad Común (PESC)	Common Foreign and Security Policy (CFSP)
Pólvora	Gunpowder (powder)
Polvorín (depósito de municiones)	Ammunition dump (magazine)
Pontón	Pontoon
Pontón flotante	Floating pontoon
Popa	Stern
Portaaviones	Aircraft carrier
Portaaviones de propulsión nuclear (CVN)	Aircraft Carrier, Nuclear (CVN)
Posición	Position
Posición de combate	Fighting position (fighting stance)
Posición de firmes	Standing at attention
Potencia	Power
Potencia de fuego	Firepower
Potencia extranjera	Foreign power
Potencia militar	Military power (military capability)
Potencia mundial	World power (global power)
Potencia nuclear	Nuclear power
POW (prisionero/a de guerra)	POW (Prisoner Of War)
Práctico de puerto	Pilot (harbour)
Precisión	Accuracy
Preparación física (entrenamiento físico)	Physical training (PT)
Preparar	To prepare
Preparativos	Preparations
Prestar los primeros auxilios	To give first aid (to render first aid)
Presupuesto de defensa	Defence budget
Presupuesto militar	Military budget
Previsión meteorológica	Weather forecast
Primera Guerra Mundial (la Gran Guerra)	First World War (World War I, the Great War)
Primera línea (línea de frente, frente)	Front line
Prisionero/a	Prisoner
Prisionero/a de guerra (POW)	Prisoner of war (POW)
Prisionero/a de guerra enemigo (EWP)	Enemy prisoner of war (EWP)
Prismáticos	Binoculars
Proa	Prow (bow)
Prófugo/a (desertor/a)	Draft dodger (deserter)
Profundidad de inmersión (cota)	Diving depth
Programa de Liderazgo Táctico (TLP)	Tactical Leadership Program (TLP)
Programa de prórroga en el ingreso (DEP)	Delayed Entry Program (DEP)
Prohibición	Ban
Prohibir	To ban
Promoción (ascenso)	Promotion
Promocionar (ascender)	To promote

Propaganda	Propaganda
Propaganda militar	Military propaganda
Propelente (materia explosiva)	Propellant (explosive substance)
Propulsión independiente de aire (AIP)	Air-independent propulsion (AIP)
Prórroga (aplazamiento)	Deferment (extension)
Provisiones (víveres)	Provisions (food)
Proyectil	Shell (projectile)
Proyectil de artillería (obús de artillería)	Artillery shell
Proyectil de goma	Rubber shell
Proyectil de mortero	Mortar shell
Prueba de aptitud física	Physical fitness test
PSC (mandos subordinados principales)	PSC (Principal Subordinate Commanders)
Puente	Bridge
Puerto	Port (harbour, harbor)
Puesto de centinela	Guard post
Puesto de control	Check point
Puesto de guardia	Guard post (guardroom)
Puesto de mando	Command post
Puesto de observación	Observation post
Puesto de socorro (primeros auxilios)	First aid post
Puesto de vigía	Lookout post
Punitivo/a	Punitive
Punto cero	Ground zero
Punto de contacto (POC)	Point of contact (POC)
Puñal (daga)	Dagger
Puñalada	Stab (stabbing)
PX (intercambio de correos)	PX (Post Exchange)

Q

Quilla	Keel
Quinta (reemplazo anual para la mili)	Conscription (call-up, draft)
Quinta generación de cazas de reacción	Fifth-generation fighter jets
Quinto (recluta, soldado de reemplazo)	Conscript (draftee)

R

RA (Artillería Real, Regimiento Real de Artillería del ejército británico)	RA (Royal Artillery, Royal Regiment of Artillery, The Gunners)
RAAA (Regimiento de Artillería Antiaérea)	RAAA (anti-aircraft artillery regiment)
Ración	Ration
Ración de combate	Field ration (combat ration)
Racionamiento	Rationing
Radar	Radar
Radar aerotransportado	Airborne radar
Radar de barrido electrónico activo (AESA)	Active electronically scanned array (AESA)
Radar de contrabatería	Counter-battery radar
Radar de control de tiro (FCR)	Fire-control radar (FCR)
Radar de corto alcance	Short-range radar
Radar de detección	Locating radar
Radar de detección de misiles	Missile-tracking radar
Radar de largo alcance	Long-range radar
Radar de vigilancia	Surveillance radar
Radar meteorológico	Weather radar
Radarista (operador/a de radar)	Radar operator
Radiaciones electromagnéticas	Electromagnetic radiations
Radiactividad (radioactividad)	Radioactivity
Radiactivo/a (radioactivo)	Radioactive
Radio (aparato de radio)	Radio (radio set)
Radio de acción	Radius of action
Radiobaliza	Radio beacon
Radiotransmisor (transmisor de radio)	Radio transmitter
RAF (Real Fuerza Aérea - Reino Unido)	RAF (Royal Air Force)
Ráfaga (series de disparos)	Burst of gunfire (salvo)
Rama militar	Military branch
Rancho (comida comunitaria)	Mess (communal meal)
Rango militar (graduación, grado)	Military rank
RAP (Plan de acción para la preparación)	RAP (Readiness Action Plan)
Rastreador GPS	GPS tracker
Rastreo de minas (detección de minas)	Minesweeping (detecting mines)
Rastreo GPS	GPS tracking
Razia (razzia, incursión)	Raid (incursion)
Real Fuerza Aérea (RAF - Reino Unido)	Royal Air Force (RAF)
Reaprovisionamiento	Replenishment
Reaprovisionamiento vertical (VERTREP)	Vertical replenishment
Rebelión (insurrección)	Rebellion (uprising)
Recámara	Chamber

Recámara del arma	Gun's chamber
Recepción y distribución	Receipt and Dispatch (R&D)
Receptor	Receiver
Recibido (mensaje recibido)	Roger (Roger that)
Recinto amurallado	Walled enclosure
Recluta (conscripto)	Recruit (conscript)
Reclutamiento	Recruitment (conscription, draft)
Reclutar	To recruit (to conscript, to draft)
Reconocimiento	Reconnaissance (recce, recon)
Reconocimiento médico	Medical examination
Reconstrucción	Reconstruction
Reconstruir	To rebuild (to reconstruct)
Recortada (escopeta recortada)	Sawn-off shotgun (sawed-off shotgun)
Red de espionaje	Spy network
Red de Mando Aliado de Europa (ACENET)	Allied Command Europe Network (ACENET)
Reemplazo (remplazo, reserva)	Reserve (replacement)
Reemplazo anual para la mili (quinta)	Call-up of yearly draft (conscription)
Reemplazo por bajas	Loss replacement
Reflector (foco de búsqueda, proyector)	Searchlight (spotlight)
Refuerzos	Reinforcements
Refugiado/a	Refugee
Refugiarse	To shelter (to take refuge, to seek shelter)
Refugio	Shelter
Refugio antiaéreo	Air-raid shelter
Régimen militar (gobierno militar)	Military rule
Regimiento	Regiment
Regimiento de artillería	Artillery regiment
Regimiento de artillería antiaérea	Anti-aircraft artillery regiment
Regimiento de caballería	Cavalry regiment
Regimiento de infantería	Infantry regiment
Regimiento de infantería mecanizado	Mechanised infantry regiment
Regimiento de infantería motorizado	Motorised infantry regiment
Regimiento de ingenieros	Engineer regiment
Regimiento de Reconocimiento Especial	Special Reconnaissance Regiment (SRR)
Regimiento de zapadores	Sapper regiment
Regimiento Real de Tanques (RTR)	Royal Tank Regiment (RTR)
Región militar	Military region
Regulares (Fuerzas Regulares Indígenas)	Regulares (Indigenous Regular Forces)
Rehén	Hostage
Relaciones internacionales	International relations
Relevo (cambio de guardia)	Relief (change of the guard)
Remolcador	Tug (tug boat)
Remolcar	To tow
Remolque	Trailer

Rendición (entrega)	Surrender
Rendición incondicional	Unconditional surrender
Rendirse	To surrender
Reparable	Serviceable
Reparación	Repair
Reparar (revisar, mantener)	To repair (to service)
Repliegue	Withdrawal
Repostar (reabastecer)	To refuel
Represalia	Retaliation
Represalia militar	Military retaliation
Representante Especial del Secretario General de la ONU	Special Representative of the Secretary General
Rescate (salvamento)	Rescue (salvage)
Reserva de las Fuerzas Armadas	Armed Forces reserve
Reserva individual en alerta (IRR)	Individual ready reserve (IRR)
Reservas	Reserves
Reservista	Reservist
Resistencia	Resistance
Retaguardia	Rear guard (rear)
Retirada (repliegue)	Retreat (withdrawal)
Retirada táctica	Tactical withdrawal
Retirado/a (jubilado/a)	Retired
Retirarse (jubilarse)	To retire
Retirarse (replegarse)	To withdraw
Retiro	Retirement
Revólver	Revolver
Rifle (fusil)	Rifle
Rifle automático	Automatic rifle
Rifle de asalto	Assault rifle
Rifle de francotirador	Sniper rifle
Rifle semiautomático	Semi-automatic rifle
Robots asesinos	Killer robots
Rompeolas	Breakwater
Romper filas	To fall out (to leave ranks, to break ranks)
Romper la barrera del sonido	To break the sound barrier
Ropa de paisano (ropa civil, ropa de calle)	Civilian clothes (civvies)
Ropa interior	Underwear (undershirt, skivvies)
ROUV (vehículo submarino operado remotamente)	ROUV (Remotely Operated Underwater Vehicle)
RPV (vehículo de control remoto)	RPV (Remotely Piloted Vehicle)
Ruta (itinerario)	Route

S

Sable	Sabre (saber)
Sabotaje	Sabotage
Saboteador/a	Saboteur
Sabotear	To sabotage (to scuttle)
SACEUR (Comandante Supremo Aliado en Europa)	SACEUR (Supreme Allied Commander Europe)
Saco de dormir	Sleeping bag
Sacos de arena	Sandbags
Sala de control	Control room
Sala de máquinas	Engine room (machine room)
Sala de operaciones	Operations room
Sala de tripulaciones	Crew room
Saliente	Salient (bulge)
Salir a la superficie (hacer superficie)	To surface
SALT (Tratado de Limitación de Armas Estratégicas)	SALT (Strategic Arms Limitation Talks)
Saludar (hace el saludo)	To salute
Saludo (saludo militar)	Salute (military salute)
Salva (disparos de saludo)	Salvo (salute, gun salute)
Salvamento	Salvage (rescue)
Salvoconducto	Safe-conduct (pass)
SAM (misil tierra-aire)	SAM (Surface-to-Air Missile)
Sangre	Blood
SAR (servicio de búsqueda y salvamento)	SAR (Search And Rescue)
Sargento	Sergeant
Sargento primero (ejército de tierra)	First sergeant
Sargento primero (fuerzas aéreas)	Staff sergeant
SATCOM (comunicaciones por satélite)	SATCOM (satellite communications)
Satélite	Satellite
Satélite artificial	Artificial satellite
Satélite de comunicaciones	Communications satellite
Satélite de reconocimiento (satélite espía)	Reconnaissance satellite (intelligent satellite, spy satellite)
SBMY (Suboficial Mayor)	WO1 (Warrant Officer Class 1)
SDI (Iniciativa de Defensa Estratégica)	SDI (Strategic Defence Initiative)
SEAL (mar, aire y tierra)	SEAL (Sea, Air and Land)
Sección (peloton)	Section
Secretario General de la ONU	UN Secretary-General
Secreto	Secret
Seguir un blanco	To track a target
Segunda Guerra Mundial	Second World War (World War II)

Segundo comandante	Second commander
Segundo jefe (segundo comandante)	Second in Command (2IC)
Seguridad	Security
Seguridad de las comunicaciones	Communications security (COMSEC)
Seguridad nacional	National security
Seguro (de un arma)	Safety catch
Semper Fidelis (siempre leales, lema del Cuerpo de Marines de los EE.UU.)	Semper Fidelis (always faithful, the motto of the U.S. Marine Corps).
Semper Paratus (siempre listos, lema de la Guardia Costera de los EE.UU.)	Semper Paratus (always ready, the motto of the U.S. Coast Guard)
Semper Supra (siempre arriba, lema de la Fuerza Espacial de los EE.UU.)	Semper Supra (always above, the motto of the U.S. Space Force)
Sensor de radar de largo alcance	Long-range radar sensor
Servicio a bordo	Service afloat
Servicio activo	Active duty
Servicio de búsqueda y salvamento (SAR)	Search and Rescue (SAR)
Servicio de inteligencia	Intelligence service
Servicio en tierra	Service ashore
Servicio militar (la mili)	Military service (national service)
Servicio militar básico	Basic military service
Servicio militar obligatorio	Mandatory military service
Servir al país	To serve the country
Sgt1 (sargento primero)	SSgt (staff sergeant)
Sgto. (sargento)	Sgt (sergeant)
SHIRBRIG (Brigada Multinacional de Alta Disponibilidad de Fuerzas en Espera para Operaciones de las Naciones Unidas)	SHIRBRIG (Multinational Stand-by High Readiness Brigade for United Nations Operations)
SHORAD (defensa aérea de corto alcance)	SHORAD (Short-Range Air Defence)
SIGINT (inteligencia de señales)	SIGINT (Signals Intelligence)
Silenciador	Silencer
Simulación	Simulation
Simulación del sistema de armas	Weapon System Simulator
Simulación militar (juego de guerra)	Military simulation (war game)
Simulador	Simulator
Simulador de cabina	Cockpit simulator
Simulador de la misión completa (FMS)	Full mission simulator (FMS)
Simulador de vuelo	Flight simulator
Sin explotar	Unexploded
Sirena de niebla	Foghorn
Sistema antiaéreo	Anti-aircraft warfare
Sistema avanzado de armas antitanque mediano (AAWS-M)	Advanced anti-tank weapon system-medium (AAWS-M)
Sistema de alerta y control aerotransportado (AWACS)	Airborne Warning and Control System (AWACS)
Sistema de artillería Archer	Archer artillery system
Sistema de cohetes de artillería de alta movilidad (HIMARS)	High mobility artillery rocket system (HIMARS)

Sistema de defensa antiaérea portátil (MANPADS)	Man-portable air-defence system (MANPADS)
Sistema de defensa antimisiles	Missile defence system
Sistema de lanzacohetes múltiple (MLRS)	Multiple launch rocket system (MLRS)
Sistema de localización y ataque de precisión (PLSS)	Precision Location Strike System (PLSS)
Sistema de misiles	Missile system
Sistema de posicionamiento global (GPS)	Global positioning system (GPS)
Sistemas antitanque portátiles (MANPATS, MPATS)	Man-portable anti-tank systems (MANPATS, MPATS)
Sistemas de navegación	Navigation systems
Sistemas de simulación del Eurofighter	Eurofighter simulation systems (ESS)
SLBM (misil balístico lanzado desde submarino)	SLBM (Submarine-Launched Ballistic Missile)
SMDC (Comando de Defensa Espacial y de Misiles del Ejército de los EE.UU.)	SMDC (Space and Missile Defence Command)
Snorkel	Snorkel
Soldadito de plomo	Tin soldier
Soldado	Soldier
Soldado de artillería	Artillery soldier
Soldado de caballería	Trooper
Soldado de infantería	Infantry soldier (foot soldier)
Soldado de primera (ejército de tierra)	Private first class
Soldado de primera (fuerzas aéreas)	Airman
Soldado de primera línea	Front-line soldier
Soldado novato (recluta)	Rookie (recruit)
Soldado raso (ejército de tierra)	Private
Soldado raso (fuerzas aéreas)	Airman basic
Solución pacífica (acuerdo pacífico)	Peaceful settlement
Sónar	Sonar
SRAAM (misil aire-aire de corto alcance)	SRAAM (Short-Range Air-Air Missile)
SRBM (misil balístico de corto alcance)	SRBM (Short-Range Ballistic Missile)
SRR (Regimiento de Reconocimiento Especial)	SRR (Special Reconnaissance Regiment)
SRSG (Representante Especial del Secretario General de la ONU)	SRSG (Special Representative of the Secretary General)
SSBN (misil balístico nuclear submarino)	SSBN (Submarine Ship Ballistic Nuclear)
SSM (misil tierra-tierra)	SSM (Surface-to-Surface Missile)
SSN (buque sumergible nuclear)	SSN (Submersible Ship Nuclear)
START (Conversaciones sobre Reducción de Armas Estratégicas)	START (Strategic Arms Reduction Treaty)
STOL (despegue y aterrizaje cortos)	STOL (Short Take-Off and Landing)
STRATINT (inteligencia estratégica)	STRATINT (strategic intelligence)
Stte (Subteniente)	WO2 (Warrant Officer Class 2)
Subfusil (metralleta, pistola ametralladora)	Sub-machine gun (SMG)
Sublevación (rebelión)	Uprising (revolt)
Sublevarse (rebelarse)	To rise up (to rebel)
Submarinista	Submariner (diver)

Submarino	Submarine
Submarino atómico (submarino nuclear)	Nuclear submarine
Submarino de ataque	Attack submarine
Submarino de misiles balísticos	Ballistic missile submarine
Submarino de propulsión nuclear	Nuclear-powered submarine
Suboficial	Non-commissioned officer (NCO)
Suboficial de guardia	Duty non-commissioned officer
Suboficial mayor	Warrant Officer Class 1
Suboficial subalterno	Junior Non-Commissioned Officer (JNCO)
Suboficial de mayor rango	Senior Non-Commissioned Officer (SNCO)
Subordinado/a	Subordinate
Subsidio básico para alojamiento	Basic allowance for housing (HAH)
Subsidio básico para subsistencia	Basic allowance for subsistence (HAS)
Subteniente (Stte)	Warrant Officer Class 2 (WO2)
Subunidad	Sub-unit
Subversión	Subversion
Sueldo (paga)	Pay
Sufrir daños	To suffer damage
Sumergido/a	Immersed (submerged)
Sumergir	To immerse (to submerge)
Superbombardero	Strategic bomber
Supersónico/a	Supersonic
Supervivencia	Survival
SVR (Servicio de Inteligencia Exterior de Rusia)	SVR (Foreign Intelligence Service in Russia)

T

TAC (mando aéreo táctico)	TAC (Tactical Air Command)
TACCO (coordinador táctico)	TACCO (Tactical Coordinator)
TACP (Equipo de Control Aerotáctico)	TACP (Tactical Air Control Party)
Táctica	Tactic
Táctica de tierra quemada	Scorched earth tactic
Tácticas defensivas	Defensive tactics
Tácticas militares	Military tactics
Tácticas ofensivas	Offensive tactics
Táctico/a	Tactical
Tambor	Drum
Tambores de guerra	War drums
Tamborilero/a	Drummer
Tanque (carro blindado)	Tank (military tank)
Tanque (depósito, cisterna)	Tank (container)
Tanque de batalla principal (MBT)	Main battle tank (MBT)
Taquilla	Locker
Tarjeta de identificación militar	Military ID card
TBM (misil balístico táctico)	TBM (Tactical Ballistic Missile)
TBP (Transporte Blindado de Personal)	APC (Armoured Personnel Carrier)
Tcol (Teniente Coronel)	Lt Col (Lieutenant Colonel)
Teatro de operaciones militares	Scene of military operations
Técnicas de supervivencia	Survival skills
Tecnología armamentística	Weapons technology
Tecnología furtiva (tecnología de invisibilidad)	Stealth technology (low observable technology)
Tecnología láser	Laser technology
Tecnología militar	Military technology
TEDAX (Técnico Especialista en Desactivación de Artefactos Explosivos)	TEDAX (Technician Specialist in Deactivation of Explosive Artifacts)
Telémetro	Range finder (telemeter)
Telémetro láser	Laser range finder
Tender un puente	To bridge
Teniente	Lieutenant
Teniente Coronel	Lieutenant Colonel
Teniente General	Lieutenant General
Tercera Guerra Mundial	Third World War (World War III)
Terremoto	Earthquake
Terreno (campo, tierra)	Terrain (land, field, ground)
Terrorismo	Terrorism
Terrorismo de Estado	State terrorism
Terrorista	Terrorist

TG (Teniente General)	Lt Gen (Lieutenant General)
THAAD (defensa de área de gran altitud terminal, sistema antimisiles de EE.UU)	THAAD (Terminal High Altitude Area Defence)
Think tank (instituto de investigación)	Think tank (research institute)
This We'll Defend (Esto defenderemos, lema del Ejército de los EE.UU.)	This We'll Defend (motto of the U.S. Army)
TIC (Tecnologías de la Información y la Comunicación)	ICT (Information and Communications Technology)
Tienda de campaña	Tent
Tierra de nadie (territorio de nadie)	No-man's land
Tierra quemada	Scorched earth
Timonel	Helmsman (helmswoman)
Tirar (disparar)	To shoot
Tiro (disparo)	Shot
Tiro de gracia	Coup de grâce
Tiro directo (fuego directo)	Direct fire
Tiro indirecto (fuego indirecto)	Indirect fire
TLP (Programa de Liderazgo Táctico)	TLP (Tactical Leadership Program)
TNP (Tratado de No Proliferación Nuclear)	NPT (Nuclear Non-Proliferation Treaty)
TNT (trinitrotolueno)	TNT (trinitrotoluene)
Tobruk (pequeño búnker circular de hormigón armado)	Tobruk (small, circular, reinforced concrete bunker)
TOC (centro de operaciones tácticas)	TOC (tactical operations center)
Toma de rehenes	Hostage standoff
Tomar cubierta	To land on a ship's deck
Tomar represalias	To retaliate
Top secret (alto secreto)	Top secret
Topografía	Topography
Topografía del terreno	Land topography
Toque de corneta	Bugle call
Toque de queda	Curfew
Toque de silencio	Lights out (taps)
Torpedo	Torpedo
Torre de control	Control tower
Torre de mando (castillo)	Conning tower
Torre de observación (torre de vigilancia)	Watchtower
Torreta	Turret
Torreta de tanque	Tank turret
TPI (Tribunal Penal Internacional)	ICC (ICCt, International Criminal Court)
Tractor oruga	Caterpillar tractor
Tráfico de armas	Arms trafficking
Traicionar	To betray
Traidor/a	Traitor
Traidor/a a la patria	Traitor to the motherland
Traje de camuflaje	Camouflage suit
Trampa	Trap

Trampa explosiva	Booby trap
Transbordador fluvial	Ferry
Transmisor	Transmitter
Transmisor de radio (radiotransmisor)	Radio transmitter
Transporte	Transport
Transporte blindado de personal (TBP)	Armoured personnel carrier (APC)
Transporte de ataque	Attack transport
Transporte de tropas	Troop carrier (troop transport)
Transporte por carretera	Motorised transport (MT)
Tratado de Limitación de Armas Estratégicas (SALT)	Strategic Arms Limitation Talks (SALT)
Tratado de No Proliferación Nuclear (TNP)	Nuclear Non-Proliferation Treaty (NPT)
Tratado de Prohibición Total de Pruebas Nucleares (CTBT)	Comprehensive Nuclear-Test-Ban Treaty (CTBT)
Tratado de seguridad entre Australia, Nueva Zelanda y Estados Unidos (ANZUS)	Australia, New Zealand, United States (ANZUS) security treaty)
Tratado INF (tratado sobre fuerzas nucleares intermedias)	INF Treaty (Intermediate-Range Nuclear Forces Treaty
Tratado sobre las Fuerzas Armadas Convencionales en Europa (FACE)	Treaty on Conventional Armed Forces in Europe (CFE)
Tregua	Truce (ceasefire)
Tren acorazado (tren blindado)	Armoured train (armored train)
Tren de aterrizaje	Undercarriage
Tribunal militar	Military court (court martial)
Tribunal Penal Internacional (TPI)	International Criminal Court (ICC, ICCt)
Tribunal Permanente de Arbitraje	Permanent Court of Arbitration (PCA)
Trinchera	Trench
Trinitrotolueno (TNT)	Trinitrotoluene (TNT)
Tripulación	Crew
Tripulación de tierra (personal de tierra)	Ground crew
Tropa	Troop (troops)
Tropas profesionales	Professional troops
Truco	Trick
TUAV (vehículo aéreo táctico no tripulado)	TUAV (Tactical Unmanned Aerial Vehicle)
Tubo lanzatorpedos	Torpedo tube
Tumba del soldado desconocido	Tomb of the unknown soldier
Turno de servicio	Tour of duty

U

UA (ausencia no autorizada)	UA (Unauthorized Absence)
UAV (vehículo aéreo no tripulado)	UAV (Unmanned Aerial Vehicle)
UCAV (vehículo aéreo de combate no tripulado)	UCAV (Unmanned Combat Aerial Vehicle)
UE (Unión Europea)	EU (European Union)
Último baluarte (último bastión)	Last stronghold (last bastion)
UME (Unidad Militar de Emergencias)	UME (Spanish emergency military unit)
UNHCR (Alto Comisionado de Naciones Unidas para los Refugiados)	UNHCR (United Nations High Commissioner for Refugees)
Unidad	Unit
Unidad de élite	Elite unit
Unidad de Operaciones Especiales (UOE)	Special Operations Unit (SOU)
Unidad de potencia auxiliar (APU)	Auxiliary power unit (APU)
Unidad de reserva militar	Military reserve force
Unidad de trabajo	Task unit
Unidad expedicionaria de marines (MEU)	Marine expeditionary unit (MEU)
Unidad logística	Logistics unit
Unidad militar	Military unit
Unidad militar de emergencias (UME)	Spanish emergency military unit (UME)
Unidad multinacional especializada (MSU)	Multinational Specialised Unit (MSU)
Unidad paramilitar	Paramilitary unit
Uniforme	Uniform
Uniforme de cadete	Cadet uniform
Uniforme de combate del ejército	Army combat uniform (ACU)
Uniforme militar	Military uniform
Unión Europea (UE)	European Union
UNMO (observador militar de Naciones Unidas)	UNMO (United Nations Military Observer)
UNPROFOR (Fuerza de Protección de las Naciones Unidas)	UNPROFOR (United Nations Protection Force)
UNSAS (Sistema de Fuerzas en Espera de Naciones Unidas)	UNSAS (United Nations Standby Arrangements System)
UO (operaciones urbanas)	UO (Urban Operations)
Uranio	Uranium
Uranio empobrecido	Depleted uranium
Uranio enriquecido	Enriched uranium
USAF (Fuerzas Aéreas de los EE.UU.)	USAF (United States Air Force)
USAR (equipo de búsqueda y rescate)	USAR (Urban Search And Rescue)
USMC (Cuerpo de Marines de los EE.UU.)	USMC (US Marine Corps)
USN (Armada de los Estados Unidos)	USN (United Stated Navy)
USSF (Fuerza Espacial de los EE.UU.)	USSF (United States Space Force)
USV (vehículo de superficie no tripulado)	USV (Unmanned Surface Vehicle)

UUV (vehículo submarino no tripulado, dron submarino)	UUV (Unmanned Underwater Vehicle, underwater drone)

V

V/STOL (despegue y aterrizaje vertical en corto recorrido)	V/STOL (Vertical/Short Take-Off and Landing)
VA (departamento de asuntos de veteranos)	VA (Department of Veterans Affairs)
VA (vicealmirante)	VA (vice-admiral)
Vadear (cruzar un río)	To wade (to ford a river, to cross a river)
Vadeo de un río	River crossing
Valentía (coraje)	Bravery (courage)
VAMTAC (Vehículo de Alta Movilidad Táctica)	High mobility tactical vehicle
Vanguardia (línea avanzada del campo de batalla)	Vanguard (military force that leads an attack)
VCC (Vehículo de Combate de Caballería)	CFV (Cavalry Fighting Vehicle)
VCI (Vehículo de Combate de Infantería)	IFV (Infantry Fighting Vehicle)
VCZ (Vehículo de Combate de Zapadores	VCZ (sapper combat vehicle)
Vehículo	Vehicle
Vehículo aéreo de combate no tripulado (UCAV, dron, dron de combate)	Unmanned combat aerial vehicle (UCAV, drone, combat drone, fighter drone)
Vehículo aéreo no tripulado (UAV)	Unmanned aerial vehicle (UAV)
Vehículo aéreo táctico no tripulado (TUAV)	Tactical unmanned aerial vehicle (TUAV)
Vehículo anfibio	Amphibious vehicle
Vehículo blindado (vehículo acorazado)	Armoured vehicle
Vehículo blindado con ruedas	Wheeled armoured vehicle
Vehículo blindado de combate	Armoured fighting vehicle (AFV)
Vehículo blindado de reconocimiento	Armoured reconnaissance vehicle
Vehículo blindado de recuperación	Armoured recovery vehicle (ARV)
Vehículo blindado de transporte de tropas	Armoured personnel carrier (APC)
Vehículo blindado ligero (LAV)	Light armoured vehicle (LAV)
Vehículo blindado multipropósito (AMPV)	Armoured multi-purpose vehicle (AMPV)
Vehículo de combate de infantería mecanizada (MCV)	Mechanised infantry combat vehicle (MCV)
Vehículo de alta movilidad	High mobility vehicle
Vehículo de alta movilidad táctica	High mobility tactical vehicle
Vehículo de combate	Combat vehicle (fighting vehicle)
Vehículo de combate de infantería (VCI)	Infantry fighting vehicle (IFV)
Vehículo de combate de zapadores (VCZ)	Sapper combat vehicle
Vehículo de control remoto (RPV)	Remotely piloted vehicle (RPV)
Vehículo de desembarco con orugas (LVT)	Landing vehicle tracked (LVT)
Vehículo de oruga (vehículo sobre cadenas)	Tracked vehicle
Vehículo de superficie no tripulado (USV)	Unmanned surface vehicle (USV)
Vehículo de transporte de tropas	Troop carrier
Vehículo militar	Military vehicle
Vehículo Protegido Resistente a las Minas y	Mine-Resistant Ambush Protected (MRAP)

las Emboscadas (VPRME)	vehicle
Vehículo remolcador	Towing vehicle
Vehículo submarino autónomo (AUV)	Autonomous Underwater Vehicle (AUV)
Vehículo submarino no tripulado (UUV, dron submarino)	Unmanned underwater vehicle (UUV, underwater drone)
Vehículo submarino operado remotamente (ROUV)	Remotely Operated Underwater Vehicle (ROUV)
Velocidad de disparo	Shooting speed (firing speed)
Vencer (ganar)	To win (to defeat)
VERTREP (Reaprovisionamiento vertical)	VERTREP (vertical replenishment)
Veterano de guerra	War veteran
Veterano/a	Veteran
Vicealmirante	Vice Admiral
Víctimas (bajas)	Casualties
Victoria	Victory
Vida civil	Civilian life
Vida militar	Military life
Vigilancia	Surveillance
Vigilancia centinela	Sentinel surveillance
Vigilancia costera	Coastal surveillance
Visión nocturna	Night vision
Visor	Sight (scope)
Visor telescópico de infrarrojos	Thermal weapon sight
VJTF (Fuerza de Muy Alta Disponibilidad de la OTAN)	VJTF (Very High Readiness Joint Task Force)
Volar	To fly
Voluntario/a	Volunteer
Vuelo	Flight
Vuelo de recepción y distribución	R&D flight
Vuelo de reconocimiento	Reconnaissance flight

X

XO (oficial ejecutivo)	XO (Executive Officer)

Z

Zafarrancho de combate (llamada a las armas)	Call to action stations (call to arms, call to battle)
Zafarrancho de combate (limpieza general)	Time to clean! (general cleaning)
Zapador	Sapper (combat engineer)
Zarpar (levar anclas)	To set sail
Zona cero	Ground zero
Zona de acampada (campamento)	Camp area
Zona de aterrizaje	Landing zone
Zona de conflicto	Conflict zone (conflict area)
Zona de exclusión aérea	No-fly zone
Zona de operaciones conjuntas (JOA)	Joint Operations Area (JOA)
Zona desmilitarizada (DMZ)	Demilitarised zone (DMZ)

PART II: ENGLISH-SPANISH

A

4GW (Fourth-Generation Warfare)	4GW (guerra de cuarta generación)
AA (Air-to-Air)	AA (Aire-Aire)
AAA (Anti-Aircraft Artillery)	AAA (Artillería Antiaérea)
AAFES (Army and Air Force Exchange Service)	AAFES (servicio de intercambio del ejército y de la fuerza aérea)
AAM (Air-to-Air Missile)	AAM (misil aire-aire)
AAW (Anti-Air Warfare)	AAW (guerra aérea)
AAWS-M (Advanced Anti-tank Weapon System-Medium)	AAWS-M (sistema avanzado de armas antitanque mediano)
AB (air base)	BA (base aérea)
ABL (Airborne Laser)	ABL (láser aerotransportado)
Able seaman	Marinero de primera
ABM (Anti-Ballistic Missile)	ABM (misil antibalístico)
About turn (about-face)	Media vuelta
Absence	Ausencia
Absent	Ausente
Absent without official leave (AWOL)	Ausencia sin licencia oficial (AWOL)
ACC (Air Combat Command)	ACC (comando de combate aéreo)
Access control	Control de acceso
ACCHAN (Allied Command Channel)	ACCHAN (Mando Aliado del Canal)
Accident (crash)	Accidente
Accountant officer	Oficial de contabilidad
ACCS (Air Command and Control System)	ACCS (mando aéreo y control)
Accuracy	Precisión
ACE (Allied Command Europe)	ACE (Mando Aliado de Europa)
ACE Rapid Reaction Corps (ARRC)	Fuerza de reacción rápida de ACE
ACENET (Allied Command Europe Network)	ACENET (Red de Mando Aliado de Europa)
ACINF (infantry academy)	ACINF (Academia de Infantería)
ACLANT (Allied Command Atlantic)	ACLANT (Mando Aliado Atlántico)
ACO (Allied Command Operations)	ACO (Mando Aliado de Operaciones)
Active electronically scanned array (AESA)	Radar de barrido electrónico activo (AESA)
Active duty	Servicio activo
ACU (Army Combat Uniform)	ACU (uniforme de combate del ejército)
ACV (Armoured Combat Vehicle)	ACV (vehículo blindado de combate)
ADAMS (Allied Deployment and Movement System)	ADAMS (Sistema para el Despliegue y Movimientos Aliados)

Admiral	Almirante
Admiral of the fleet	Almirante de la flota
Admiral-in-Chief	Almirante jefe
Advanced anti-tank weapon system-medium (AAWS-M)	Sistema avanzado de armas antitanque mediano (AAWS-M)
Advanced individual training (AIT)	Entrenamiento individual avanzado (AIT)
Advanced Medium-Range Air-to-Air Missile (AMRAAM)	Misil avanzado aire-aire de medio alcance (AMRAAM)
Advanced Short-Range Air-to-Air Missile (ASRAAM)	Misil avanzado de corto alcance aire-aire (ASRAAM)
Advanced tactical fighter (ATF)	Luchador táctico avanzado (ATF)
Aerial	Antena
Aerobatics	Acrobacia aérea
Aeronautical operational control (AOC)	Control operacional aeronáutico (AOC)
AESA (Active Electronically Scanned Array)	AESA (radar de barrido electrónico activo)
AEW (Airborne Early Warning)	AEW (alerta temprana aerotransportada)
AEW&C (Airborne Early Warning and Control)	AEW&C (alerta temprana y control aerotransportado)
AFCENT (Allied Forces Central Europe)	AFCENT (Fuerzas Aliadas del Centro de Europa)
Afloat	A flote
AFNORTH (Allied Forces Northern Europe)	AFNORTH (Fuerzas Aliadas en Europa Septentrional)
AFNORTHWEST (Allied Forces Northwest Europe)	AFNORTHWEST (Fuerzas Aliadas en el Noroeste de Europa)
AFRICOM (United States Africa Command)	AFRICOM (Mando estadounidense para África)
AFRL (Air Force Research Laboratory)	AFRL (laboratorio de investigación Fuerza Aérea)
AFSOUTH (Allied Forces Southern Europe)	AFSOUTH (Fuerzas Aliadas en el Sur de Europa)
AFV (Armoured Fighting Vehicle)	AFV (vehículo blindado de combate)
AGM (Air-Ground Missile)	AGM (misil aire-tierra)
AI (Amnesty International)	AI (Amnistía Internacional)
Aim High … Fight, Fly, Win (the motto of the U.S. Air Force)	Apuntar alto… volar, luchar, ganar (lema de la Fuerza Aérea de los EE.UU.)
AIP (Air-Independent propulsion)	AIP (propulsión independiente de aire)
Air attack (air strike, air raid)	Ataque aéreo (incursión aérea, raid aéreo)
Air base (airbase, air force base)	Base aérea
Air combat (dogfight)	Combate aéreo
Air Combat Command (ACC)	Comando de combate aéreo (ACC)
Air Command and Control System (ACCS)	Mando aéreo y control (ACCS)
Air defence	Defensa aérea
Air Force	Ejército del Aire
Air forces	Fuerzas aéreas
Air Liaison Officer (ALO)	Oficial de enlace aéreo (ALO)
Air patrol	Patrulla aérea
Air pilot	Piloto aviador
Air support	Apoyo aéreo

Air traffic controller	Controlador aéreo
Air war (aerial warfare, anti-air warfare)	Guerra aérea
Airborne	Aerotransportado/a
Airborne battalion	Batallón aerotransportado
Airborne Early Warning (AEW)	Alerta temprana aerotransportada (AEW)
Airborne Early Warning and Control (AEW&C)	Alerta temprana y control aerotransportado (AEW&C)
Airborne forces	Fuerzas aerotransportadas
Airborne laser (ABL)	Láser aerotransportado (ABL)
Airborne radar	Radar aerotransportado
Airborne Warning and Control System (AWACS)	Sistema de alerta y control aerotransportado (AWACS)
AIRCOM (Allied Air Command)	AIRCOM (Mando Aéreo Aliado)
Aircraft	Aeronave
Aircraft carrier	Portaaviones
Aircraft Carrier, Nuclear (CVN)	Portaaviones de propulsión nuclear (CVN)
Aircraft fleet	Flotilla aérea
Airfield	Aeródromo (campo de aviación)
Air-independent propulsion (AIP)	Propulsión independiente de aire (AIP)
Air-launched ballistic missile	Misil balístico lanzado desde el aire
Air-launched cruise missile	Misil de crucero lanzado desde el aire
Air-launched missile	Misil lanzado desde el aire
Air-launched strategic missile	Misil estratégico lanzado desde el aire
Airman	Soldado de primera (fuerzas aéreas)
Airman basic	Soldado raso (fuerzas aéreas)
Air-mobile brigade	Brigada aerotransportada
Airport	Aeropuerto
Air-raid shelter	Refugio antiaéreo
Airspace	Espacio aéreo
Air-to-air (AA)	Aire-aire (AA)
Air-to-air missile (AAM)	Misil aire-aire (AAM)
Air-to-ground (AG)	Aire-tierra (aeroterrestre)
Air-to-ground missile	Misil aire-tierra
Air-to-surface missile	Misil aire-superficie
AIT (Advanced Individual Training)	AIT (entrenamiento individual avanzado)
ALBM (Air-Launched Ballistic Missile)	ALBM (misil balístico lanzado desde el aire)
ALCM (Air-Launched Cruise Missile)	ALCM (misil de crucero lanzado desde el aire)
Alert level (alert state, DEFCON)	Nivel de alerta
All weather fighter (AWX)	Caza todo tiempo (AWX)
Allegiance	Lealtad
Alliance	Alianza
Allied	Aliado/a
Allied Air Command (AIRCOM)	Mando Aéreo Aliado (AIRCOM)
Allied Command Atlantic (ACLANT)	Mando Aliado Atlántico (ACLANT)
Allied Command Channel (ACCHAN)	Mando Aliado del Canal (ACCHAN)

Allied Command Europe (ACE)	Mando Aliado de Europa (ACE)
Allied Command Europe Network (ACENET)	Red de Mando Aliado de Europa (ACENET)
Allied Command Operations (ACO)	Mando Aliado de Operaciones (ACO)
Allied forces	Fuerzas aliadas
Allied Forces Central Europe (AFCENT)	Fuerzas Aliadas del Centro de Europa (AFCENT)
Allied Forces Northern Europe (AFNORTH)	Fuerzas Aliadas en Europa Septentrional (AFNORTH)
Allied Forces Northwest Europe (AFNORTHWEST)	Fuerzas Aliadas en el Noroeste de Europa (AFNORTHWEST)
Allied Forces Southern Europe (AFSOUTH)	Fuerzas Aliadas en el Sur de Europa (AFSOUTH)
All-out war (battle to the death)	Guerra sin cuartel
Ally	Aliado/a
ALO (Air Liaison Officer)	ALO (oficial de enlace aéreo)
Altitude (height, elevation)	Cota (altura, elevación)
Ambulance	Ambulancia
Ambush	Emboscada
AMM (Antimissile missile)	AMM (misil antimisil)
Ammunition (munition)	Munición
Ammunition belt	Cinturón de munición
Ammunition depot	Depósito de municiones
Ammunition dump (magazine)	Polvorín (depósito de municiones)
Amphibious assault ship	Buque de asalto anfibio
Amphibious exercise (PHIBEX)	Ejercicio anfibio (PHIBEX)
Amphibious transport dock	Buque de transporte anfibio
Amphibious vehicle	Vehículo anfibio
Amphibious warfare	Guerra anfibia
AMPV (Armored Multi-Purpose Vehicle)	AMPV (vehículo blindado multipropósito)
AMRAAM (Advanced Medium-Range Air-to-Air Missile)	AMRAAM (misil avanzado aire-aire de medio alcance)
Anchor	Ancla
Anti-aircraft	Antiaéreo
Anti-aircraft artillery (AAA)	Artillería antiaérea (AAA)
Anti-aircraft artillery regiment	Regimiento de artillería antiaérea
Anti-aircraft fire	Fuego antiaéreo
Anti-aircraft gun	Cañón antiaéreo
Anti-aircraft machine guns	Ametralladoras antiaéreas
Anti-aircraft missiles	Misiles antiaéreos
Anti-aircraft warfare	Defensa antiaéra
Anti-ballistic missile (ABM)	Misil antibalístico (ABM)
Antiknock	Antidetonante (sust.)
Antiknocking	Antidetonante (adj.)
Anti-missile defence	Defensa antimisil
Anti-personnel mine	Mina antipersona
Anti-ship missile	Misil antibuque

Anti-submarine missile	Misil antisubmarino
Anti-submarine warfare (ASW)	Guerra antisubmarina (ASW)
Anti-tank guided missile (ATGM)	Misil guiado antitanque (ATGM)
Anti-tank gun	Cañón contracarro (cañón anticarro)
Anti-tank helicopter	Helicóptero anticarro
Anti-tank mine	Mina anticarro
Anti-vehicle mine	Mina antivehículo
Anti-war march (anti-war demonstration)	Manifestación contra la guerra
Anti-war movement	Movimiento contra la guerra (antibélico)
ANZUS (Australia, New Zealand, United States security treaty)	ANZUS (tratado de seguridad entre Australia, Nueva Zelanda y EE.UU.)
AOC (Aeronautical Operational Control)	AOC (control operacional aeronáutico)
APAR (Active Phased Array Radar)	APAR (radar de matriz de fase activa)
APC (Armoured Personnel Carrier)	TBP (Transporte Blindado de Personal)
APL (Anti-Personnel Landmine)	APL (mina antipersona)
APU (Auxiliary Power Unit)	APU (unidad de potencia auxiliar)
Archer	Arquero/a
Archer artillery system	Sistema de artillería Archer
Area defence	Defensa de zona
Armament (arms, weapons)	Armamento
Armd Div (Armoured Division)	DAC (División Acorazada)
Armed	Armado/a
Armed conflict	Conflicto armado
Armed Forces	Fuerzas Armadas
Armed Forces Day	Día de las Fuerzas Armadas
Armed Forces reserve	Reserva de las Fuerzas Armadas
Armed group	Grupo armado
Armistice	Armisticio
Armour (armor)	Coraza (blindaje)
Armoured (armored)	Acorazado/a (blindado/a)
Armoured bridge layer	Carro lanzapuentes
Armoured brigade	Brigada acorazada
Armoured Division (Armd Div)	División Acorazada
Armoured fighting vehicle (AFV)	Vehículo blindado de combate
Armoured multi-purpose vehicle (AMPV)	Vehículo blindado multipropósito
Armoured personnel carrier (APC)	Vehículo blindado de transporte de tropa
Armoured reconnaissance vehicle	Vehículo blindado de reconocimiento
Armoured recovery vehicle (ARV)	Vehículo blindado de recuperación
Armoured train	Tren blindado (tren acorazado)
Armoured vehicle	Vehículo blindado (vehículo acorazado)
Armoured war	Guerra blindada (guerra acorazada)
Armourer (armorer)	Armero/a
Armoury (armory)	Armería
Arms control	Control de armas (control armamentístico)
Arms trafficking	Tráfico de armas

Army	Ejército
Army cap	Gorra militar
Army combat uniform	Uniforme de combate del ejército
Army group	Grupo de ejército
Army reserves	Ejército de reserva
Army Staff	Estado Mayor del Ejército (EME)
ARRC (Allied Rapid Reaction Corps)	ARRC (Cuerpo de Reacción Rápida Aliado)
Arrest	Arresto
Arrow	Flecha
Arsenal	Arsenal
Artificial satellite	Satélite artificial
Artillery	Artillería
Artillery battalion	Batallón de artillería
Artillery fire (shelling)	Fuego de artillería
Artillery regiment	Regimiento de artillería
Artillery shell	Proyectil de artillería (obús de artillería)
Artillery soldier	Soldado de artillería
Artillery weapons	Armas de artillería
Ashore	En tierra
ASM (Air-to-Surface Missile)	ASM (misil aire-superficie)
ASRAAM (Advanced Short-Range Air-to-Air Missile	ASRAAM (misil avanzado de corto alcance aire-aire)
ASROC (Anti-Submarine Rocket)	ASROC (misil antisubmarino)
Assault (attack, storming)	Asalto
Assault boat	Lancha de asalto
Assault rifle	Rifle de asalto (fusil de asalto)
Assault ship	Buque de asalto
Assault weapons	Armas de asalto
ASVAB (Armed Services Vocational Aptitude Battery)	ASVAB (examen de aptitud vocacional para las Fuerzas Armadas,
ASW (anti-submarine warfare)	ASW (guerra antisubmarina)
Asymmetric warfare	Guerra asimétrica
ATCO (Air Traffic Control Officer)	ATCO (oficial controlador del tráfico aéreo)
ATF (Advanced Tactical Fighter)	ATF (luchador táctico avanzado)
ATGM (Anti-Tank Guided Missile)	ATGM (misil guiado antitanque)
Atomic bomb	Bomba atómica
Attack (strike)	Ataque
Attack aircraft	Avión de ataque
Attack submarine	Submarino de ataque
Attack transport	Transporte de ataque
Attempted coup	Intento de golpe de estado
Attention (military stance)	Firmes (posición militar)
Attention! (ten-hut!)	¡Firmes!
Attritional war (war of attrition)	Guerra de desgaste
Australia, New Zealand, United States (ANZUS) security treaty)	Tratado de seguridad entre Australia, Nueva Zelanda y EE.UU. (ANZUS)

Automatic rifle	Rifle automático (fusil automático)
Automatic trigger	Disparador automático
Autonomous drone	Dron autónomo
Autonomous Underwater Vehicle (AUV)	Vehículo submarino autónomo (AUV)
Autonomous weapons	Armas autónomas
Autopilot	Piloto automático
AUV (Autonomous Underwater Vehicle)	AUV (vehículo submarino autónomo)
Auxiliary fleet	Flota auxiliar
Auxiliary power unit (APU)	Unidad de potencia auxiliar (APU)
Aviation (air force)	Aviación
AWACS (Airborne Warning and Control System)	AWACS (sistema de alerta y control aerotransportado)
AWOL (Absent Without Official Leave)	AWOL (ausencia sin licencia oficial)
AWX (All Weather Fighter)	AWX (caza todo tiempo)

B

Backpack (rucksack, bag)	Petate (mochila)
Badge	Insignia
Badge of honour (badge of honor)	Insignia de honor
BAH (Basic Allowance for Housing)	BAH (subsidio básico para alojamiento)
BAS (Basic Allowance for Subsistence)	BAS (subsidio básico para subsistencia)
Ballistic missile	Misil balístico
Ballistic Missile Defence Operations Center (BMDOC)	Centro de Operaciones de Defensa Antimisil Balístico (BMDOC)
Ballistic missile submarine	Submarino de misiles balísticos
Ballistic shield (tactical shield, bulletproof shield)	Escudo antibalas (escudo táctico, escudo blindado)
Ballistics	Balística
Ban	Prohibición
Barbed wire	Alambre de púas (alambre espino)
Barrack block	Acuartelamiento
Barrack square	Campo de entrenamiento
Barracks (quarters)	Cuartel
Barrage	Barrera de fuego (cortina de fuego)
Barrel (gun barrel)	Cañón (cañón de escopeta)
Barricade	Barricada
Base (station)	Base
Basic allowance for housing	Subsidio básico para alojamiento
Basic allowance for subsistence	Subsidio básico para subsistencia
Basic combat training	Entrenamiento básico de combate
Basic military service	Servicio militar básico
Basic training	Entrenamiento básico
Bastion (stronghold)	Bastión (baluarte)
Batman	Ordenanza (asistente de un oficial)
Battalion	Batallón
Battalion commander	Jefe de batallón
Battalion Operations Center (BOC)	Centro de operaciones del batallón
Battery	Batería
Battle	Batalla
Battle cry (war cry)	Grito de batalla (grito de guerra)
Battle gear	Equipación para la batalla
Battle group	Grupo de combate
Battle line (front line)	Línea de combate
Battle to the death	Batalla sin cuartel (guerra sin cuartel)
Battlefield	Campo de batalla
Battleship	Acorazado (buque de guerra blindado)
Bayonet	Bayoneta

BCT (Basic Combat Training)	BCT (entrenamiento básico de combate)
BCT (Brigade Combat Team)	BCT (Equipo de Combate de Brigada)
Beacon	Baliza
Belligerent countries (warring countries)	Países beligerantes
Belligerent (warring, fighting)	Beligerante (combatiente)
Belt	Cinturón (correa)
Belting (strapping)	Correaje
Beret	Boina
Binoculars	Prismáticos
Biological warfare (germ warfare)	Guerra biológica
Biological weapons	Armas biológicas
Biological Weapons Convention (BWC)	Convención de Armas Biológicas (CAB)
Blank	Fogueo
Blank ammunition	Munición de fogueo
Blank gun	Arma de fogueo
Blitzkrieg	Guerra relámpago
Blockade	Bloqueo (sitio, asedio)
Blood	Sangre
Bloodbath	Baño de sangre
Bloodshed	Derramamiento de sangre
Blue helmets (blue berets, UN peace forces)	Cascos azules (boinas azules, fuerzas de paz de la ONU)
BMDOC (Ballistic Missile Defence Operations Center)	BMDOC (Centro de Operaciones de Defensa Antimisil Balístico)
Boarding	Abordaje
Boat (speedboat)	Lancha
Boat (vessel)	Barco (embarcación)
Boatswain	Contramaestre
BOC (Battalion Operations Center)	BOC (Centro de Operaciones del Batallón)
Body (corps, army corps)	Cuerpo (cuerpo de ejército)
Body armour	Armadura
Bomb	Bomba
Bomb disposal	Desactivación de bombas
Bomb shelter	Búnker (refugio antiaéreo)
Bomb vessel	Bombarda (buque)
Bombard	Bombarda (cañón)
Bomber	Bombardero
Bomber aircraft	Avión bombardero
Bombing (shelling, bombardment)	Bombardeo
Bomblets	Minibombas
Booby trap	Trampa explosiva
Boot camp	Campo de entrenamiento
Boots (military boots)	Botas (botas militares)
Bore (cannon bore)	Ánima (hueco del cañón)
Bow	Arco

Bravery (courage)	Valentía (coraje)
Bravo Zulu (well done)	Bravo Zulú (bien hecho)
BRBM (Battlefield Range Ballistic Missile)	BRBM (misil balístico táctico)
Breakwater	Rompeolas
Bridge	Puente
Briefing	Briefing (reunión)
Brigade (Bde)	Brigada (unidad militar)
Brigade combat team	Equipo de combate de brigada
Brigade member	Brigadista
Brigadier General	General de Brigada
Bugle	Corneta (cornetín, bugle)
Bugle call	Toque de corneta (diana)
Bugler	Corneta (cornetista, cornetero)
Bullet	Bala
Bullet hole	Balazo (agujero de bala)
Bullet casing	Casquillo de bala
Bullet wound	Herida de bala
Bulletproof	Antibalas (a prueba de balas, blindado/a)
Bulleproof glass	Cristal antibalas
Bulletproof vest	Chaleco antibalas
Bunk (bunk bed)	Litera
Bunker	Búnker
Buoy	Boya
Burst of gunfire (salvo)	Ráfaga (series de disparos)
Butt (gun butt)	Culata (de una escopeta)
BW (biological warfare)	BW (guerra biológica)
BWC (Biological Weapons Convention)	CAB (Convención de Armas Biológicas)
BX (Base Exchange)	BX (tienda de intercambio militar)
BZ (Bavo Zulu, well done)	BZ (Bravo Zulú, bien hecho)

C

C2 (Command and Control)	C2 (mando y control)
C3 (Command, Control & Communications)	C3 (mando, control y comunicaciones)
C3I (Command, Control, Communications and Intelligence)	C3I (mando, control, comunicaciones e inteligencia)
C4 (Command, Control, Communications and Computers)	C4 (mando, control, comunicaciones y computación)
Cabin	Camarote
Cadet	Cadete
Cadet uniform	Uniforme de cadete
CAFMED (Combined Amphibious Forces Mediterranean)	CAFMED (Fuerza Anfibia Combinada en el Mediterráneo)
Calibre (caliber)	Calibre
Call to arms	Llamada a las armas (generala)
Call-up	Llamado a filas
Camouflage	Camuflaje
Camouflage suit	Traje de camuflaje
Camouflaged	Camuflado/a (mimetizado/a)
Camp	Campamento
Camp area	Zona de acampada (campamento)
Campaign	Campaña
Cannon	Cañón (pieza de artillería)
Cannon bore	Ánima (hueco del cañón)
Cannonball	Bala de cañón
Canteen	Cantina (comedor)
Cantonment	Acantonamiento
Cap	Gorra
Capitulation (surrender)	Capitulación (rendición)
Capstan	Cabestrante
Captain	Capitán
Captain-General	Capitán General
Captaincy	Capitanía
Car bomb	Coche bomba
Carbine (rifle)	Carabina
Carnage (bloodshed, massacre)	Carnicería (matanza, massacre)
Carrier air group	Grupo aeronaval
Cartographic (cartographical)	Cartográfico/a
Cartographic centre	Centro cartográfico
Cartography	Cartografía
Cartridge (round)	Cartucho
Cartridge belt (pouch)	Cartuchera
Cartridge case (cartridge shell)	Casquillo

CAS (Close Air Support)	CAS (apoyo aéreo cercano)
CASEVAC (casualty evacuation)	CASEVAC (evacuación de heridos)
Casualties	Bajas (heridos)
Catapult	Catapulta
Catering officer	Oficial de cocina
Caterpillar tractor	Tractor oruga
Cavalry	Caballería
Cavalry brigade	Brigada de caballería
Cavalry division	División de caballería
Cavalry regiment	Regimiento de caballería
CBM (Confidence-Building Measures)	CBM (medidas de creación de confianza)
CBRN (Chemical, Biological, Radiological and Nuclear)	CBRN (armas químicas, biológicas, radiológicas y nucleares)
CC-Land HQ (Component Command-Land Headquarters)	CC-Land HQ (Cuartel General del Mando de Componente Terrestre)
CCM (convention on cluster munitions)	CCM (convención sobre municiones en racimo)
Ceasefire (stand-down)	Alto el fuego
Censor (military censor)	Censor/a militar
CESID (Superior Centre of Defence Information - former Spanish intelligence agency)	CESID (Centro Superior de Información de la Defensa)
Cessation of hostilities (ceasefire)	Cese de hostilidades
CFE (Conventional Armed Forces in Europe)	FACE (Fuerzas Armadas Convencionales en Europa)
CFSP (Common Foreign and Security Policy)	PESC (Política Exterior y de Seguridad Común)
CFV (Cavalry Fighting Vehicle)	VCC (Vehículo de Combate de Caballería)
Chain of command	Cadena de mando
Chamber	Recámara
Changing of the guard	Cambio de guardia
Chaplain	Capellán (páter)
Check point	Puesto de control
Chemical agent	Agente químico
Chemical oxygen iodine laser (COIL)	Láser químico de yodo oxigenado (COIL)
Chemical warfare	Guerra química
Chemical weapons	Armas químicas
Chemical Weapons Convention	Convención sobre las Armas Químicas
Chief (head, commander)	Jefe
Chief of Staff (COS)	Jefe de Estado Mayor (JEM)
Chief of the Air Staff	Jefe del Estado Mayor del Aire (JEMA)
Chief petty officer (army)	Suboficial mayor (ejército)
Chief petty officer (navy)	Cabo primero / suboficial jefe (armada)
Child soldier	Niño soldado
Chow (mess, food)	Papeo (comida)
CIA (Central Intelligence Agency)	CIA (Agencia Central de Inteligencia)
CIDOB (Barcelona Centre for International Affairs)	CIDOB (Centro de Estudios Internacionales y de Estudios para el Desarrollo de Barcelona)
CIS (Communication and Information	CIS (Sistemas de Información y

Systems)	Telecomunicaciones)
Citadel (fortress)	Ciudadela
Civil aviation	Aviación civil
Civil defence	Defensa civil
Civil Guard (GC, Spanish military police)	Guardia Civil (GC)
Civil infrastructure	Infraestructura civil
Civil war	Guerra civil
Civilian (civvy)	Civil
Civilian clothes (civvies)	Ropa de paisano (ropa civil, ropa de calle)
Civilian employee	Empleado civil (funcionario civil)
Civilian life	Vida civil
CJTF (Combined Joint Task Force)	CJTF (Fuerza Operativa Conjunto-Combinada)
Clandestine (secret)	Clandestino/a
Classified documents	Documentación clasificada
Classified information	Información clasificada
Close air support (CAS)	Apoyo aéreo cercano (CAS)
Close ally	Aliado estrecho (aliado cercano)
Close battle	Batalla reñida
Close quarter battle (CQB)	Combate próximo (combate cercano)
Close-air support aircraft (CAS aircraft)	Avión de apoyo aéreo cercano
Cluster bomb	Bomba de fragmentación (de racimo)
Cluster munitions	Municiones en racimo
CNI (Spanish official intelligence agency)	CNI (Centro Nacional de Inteligencia)
CO (Commanding Officer)	Cdte. (Comandante)
Coalition	Coalición
Coast guard (coastguard)	Guardacostas (guardia costera)
Coastal patrol vessel	Lancha de vigilancia costera (LVC)
Coastal surveillance	Vigilancia costera
Coat of arms	Escudo de armas
Cockpit	Cabina de pilotaje
Cockpit simulator	Simulador de cabina
Code of military justice	Código de justicia militar
COIL (Chemical Oxygen Iodine Laser)	COIL (láser químico de yodo oxigenado)
Cold War	Guerra Fría
Cold weapon (blade weapon)	Arma blanca
Collateral damage	Daños colaterales
Collision	Colisión
Colonel	Coronel
Column	Columna
Column formation	Formación en columna
Combat	Combate
Combat brigade	Brigada de combate
Combat drone	Dron de combate
Combat group (battle group)	Grupo de combate
Combat helmet	Casco de combate

Combat medic	Médico de combate
Combat patrols	Patrullas de combate
Combat search and rescue (CSAR)	Búsqueda y rescate de combate (CSAR)
Combat supplies	Aprovisionamientos (pertrechos)
Combat vehicle (fighting vehicle)	Vehículo de combate
Combatant (fighter)	Combatiente
Combined arms	Armas combinadas
COMCEN (Communications Centre)	CECOM (Centro de Comunicaciones)
COMINT (Communications Intelligence)	COMINT (Inteligencia en comunicaciones)
Command	Mando
Command and control (C2)	Mando y control (C2)
Command element (CE)	Elemento de mando (CE)
Command post	Puesto de mando
Command, control and communications (C3)	Mando, control y comunicaciones (C3)
Commander (major, chief)	Comandante (jefe)
Commander general	Comandante general
Commander-in-Chief (supreme commander)	Comandante en jefe (comandante supremo)
Commanding officer	Oficial al mando
Commando	Comando
Commissioned officer	Oficial comisionado
Commodore	Comodoro
Common Foreign and Security Policy (CFSP)	Política Exterior y de Seguridad Común (PESC)
Communications	Comunicaciones
Communications centre	Centro de comunicaciones
Communications Intelligence (COMINT)	Inteligencia en comunicaciones (COMINT)
Communications satellite	Satélite de comunicaciones
Communications security (COMSEC)	Seguridad de las comunicaciones
Communiqué (statement)	Comunicado
COMNAV (Communications-Navigation)	COMNAV (ayudas a la navegación aérea)
Company (military unit)	Compañía (unidad militar)
Company	Compañía
Company commander	Capitán de compañía (jefe de compañía)
Compass	Brújula
Comprehensive Nuclear-Test-Ban Treaty (CTBT)	Tratado de Prohibición Total de Pruebas Nucleares (CTBT)
COMSEC (Communications security)	COMSEC (seguridad de las comunicaciones)
Concentration camp	Campo de concentración
Conference on Security and Co-operation in Europe (CSCE, Helsinki Accords)	Conferencia de Seguridad y Cooperación en Europa (CSCE, Conferencia de Helsinki)
Confidence and security building measures (CSBM)	Medidas de fomento de confianza y seguridad (CSBM)
Confidence-building measures (CBM)	Medidas de fomento de confianza (CBM)
Confidential	Confidencial
Conflict	Conflicto

Conflict zone (conflict area)	Zona de conflicto
Conning tower	Torre de mando (castillo)
Conquered	Conquistado/a
Conqueror	Conquistador
Conquest	Conquista
Conscientious objection	Objeción de conciencia
Conscientious objector (conchie)	Objetor/a de conciencia
Conscript (recruit)	Conscripto (recluta, quinto)
Conscription (call-up, draft)	Conscripción (reclutamiento)
Contingent	Contingente
Control room	Sala de control
Control tower	Torre de control
Convention on cluster munitions (CCM)	Convención sobre municiones en racimo
Conventional Armed Forces in Europe (CFE)	Fuerzas Armadas Convencionales en Europa (FACE)
Conventional warfare	Guerra convencional
Conventional weapons	Armas convencionales
Convoy	Convoy
Cookhouse	Cocina de campana (cocina móvil)
Coordinates	Coordenadas
Corporal	Cabo (ejército de tierra)
Corporal major	Cabo mayor
Corvette (small warship)	Corbeta (buque de guerra pequeño)
Corvette captain	Capitán de corbeta
COS (Chief Of Staff)	JEM (Jefe de Estado Mayor)
Counter Admiral (Rear Admiral)	Contralmirante
Counterattack	Contraataque (contrataque)
Counter-battery fire	Fuego de contrabatería
Counter-battery radar	Radar de contrabatería
Counterforce	Contrafuerza
Counterinsurgency	Contrainsurgencia
Counterintelligence	Contrainteligencia
Countermeasures	Contramedidas
Counterterrorism	Contraterrorismo
Coup de grâce	Tiro de gracia (golpe de gracia)
Courage (bravery)	Coraje (valentía)
Course (training course)	Curso de formación
Court martial (military court)	Consejo de guerra (tribunal militar)
Crane	Grúa
Crater	Cráter
Crew	Tripulación
Crew room	Sala de tripulaciones
Crimes against humanity	Crímenes contra la humanidad
Crimes of genocide	Crímenes de genocidio
Cross-country	Campo a través (todo terreno)

Cross country capability	Capacidad todo terreno
Crossbow	Ballesta
Crossfire	Fuego cruzado
Cruise missile	Misil de crucero
CSAR (Combat Search and Rescue)	CSAR (búsqueda y rescate de combate)
CSBM (Confidence and Security Building Measures)	CSBM (medidas de fomento de confianza y seguridad)
CSCE (Conference on Security and Co-operation in Europe, Helsinki Accords)	CSCE (Conferencia de Seguridad y Cooperación en Europa, Conferencia de Helsinki)
CSN (Nuclear Safety Council in Spain)	CSN (Consejo de Seguridad Nuclear)
CTBT (Comprehensive Nuclear-Test-Ban Treaty)	CTBT (Tratado de Prohibición Total de Pruebas Nucleares)
Curfew	Toque de queda
CVN (Aircraft Carrier, Nuclear)	CVN (portaaviones de propulsión nuclear)
CW (chemical warfare)	CW (guerra química)
CWC (Chemical Weapons Convention)	CWC (Convención sobre las Armas Químicas)
Cyber defence	Ciberdefensa
Cyberattack	Ciberataque
Cyberwarfare	Ciberguerra (guerra cibernética)
Czech hedgehog	Erizo checo

D

DAC (Discretionary Access Control)	DAC (control de acceso discrecional)
DACT (Dissimilar Air Combat Training)	DACT (Combate Aéreo Disimilar)
Dagger	Daga (puñal)
Damage	Daños
Damage control	Control de daños
Danger	Peligro
Daring (bold)	Atrevido/a
DART (Disaster Assistance and Response Team)	DART (equipo de respuesta de ayuda para desastres)
David versus Goliath	David contra Goliat
Daytime combat	Combate diurno
DCO (Direct Commission Officer)	DCO (oficial con nombramiento directo)
Dead (killed)	Muerto/a
Dead of wounds (DOW)	Muerto/a por heridas
Deadly weapon	Arma mortífera
Death	Muerte
Deck (ship deck)	Cubierta (del buque)
Decoration (medal, award)	Condecoración (medalla, insignia)
Deep battle	Batalla profunda
Deep wound	Herida profunda
Defeat	Derrota
Defective	Defectuoso/a
Defence (defense)	Defensa
Defence Attaché	Agregado de Defensa
Defence budget	Presupuesto de defensa
Defensive tactics	Tácticas defensivas
Defensive wall	Muralla defensiva
Deferment (extension)	Prórroga (aplazamiento)
Delayed Entry Program (DEP)	Programa de prórroga en el ingreso (DEP)
Demilitarised zone (DMZ)	Zona desmilitarizada (DMZ)
Demining (mine clearance)	Desminado (eliminación de minas)
Demobilisation	Desmovilización
Demoralisation (demoralization)	Desmoralización
DEP (Delayed Entry Program)	DEP (programa de prórroga en el ingreso)
Department of Defense (DoD)	Departamento de Defensa (de EE.UU.)
Department of Homeland Security (DHS)	Departamento de Seguridad Nacional
Department of Humanitarian Affairs (DHA)	Departamento de Asuntos Humanitarios (DHA)
Department of Peacekeeping Operations (DPKO)	Departamento de Operaciones de Mantenimiento de la Paz (DOMP)
Depleted uranium	Uranio empobrecido

Depleted uranium bomb	Bomba de uranio empobrecido
Deployment	Despliegue
Deployment support	Apoyo al despliegue
Depot	Depósito
Deserter (defector, draft dodger)	Desertor (prófugo/a)
Destruction	Destrucción
Detachment	Destacamento
Detachment commander	Jefe de destacamento
Detection	Detección
Detention	Detención (arresto)
Deterrence	Disuasión
Deterrence strategy	Estrategia de disuasión
Detonation (explosion)	Detonación (estallido, explosión)
Detonator	Detonador
Devastating	Devastador/a
DFAC (Dining Facility)	DFAC (comedores)
DHA (Department of Humanitarian Affairs)	DHA (Departamento de Asuntos Humanitarios)
DHS (Department of Homeland Security)	DHS (Departamento de Seguridad Nacional)
Diplomacy	Diplomacia
Diplomat	Diplomático/a (sust.)
Diplomatic	Diplomático/a (adj.)
Diplomatic corps	Cuerpo diplomático
Direct Commission Officer (DCO)	Oficial con nombramiento directo (DCO)
Direct fire	Fuego directo (tiro directo)
Direct hit	Impacto directo
Dirty war	Guerra sucia
DIS (Distributed Interactive Simulation)	DIS (Simulación Interactiva Distribuida)
Disaster Assistance and Response Team (DART)	Equipo de respuesta de ayuda para desastres (DART)
Discipline	Disciplina
Discretionary access control (DAC)	Control de acceso discrecional (DAC)
Disinformation (misinformation)	Desinformación (información errónea)
Dismissed from the army	Expulsado/a del ejército
Disobedience	Desobediencia
Dispersal	Dispersión
Displaced person (DP)	Desplazado/a
Dissimilar Air Combat Training (DACT)	Combate Aéreo Disimilar (DACT)
Distinction (honour, award)	Distinción (condecoración)
Dived	Sumergido/a
Diver	Buceador/a
Diving	Buceo
Diving depth	Profundidad de inmersión (cota)
Division	División
DMZ (Demilitarised Zone)	DMZ (zona desmilitarizada)

Dock	Muelle (embarcadero, dársena)
Doctors without borders (MSF)	Médicos sin Fronteras (MSF)
DoD (Department of Defense)	DoD (Departamento de Defensa de EE.UU.)
Double agent	Agente doble
Double march	Paso doble
Dove of peace	Paloma de la paz
DPC (Defence Planning Committee)	DPC (Comité de Planes de Defensa)
DPKO (Department of Peacekeeping Operations)	DOMP (Departamento de Operaciones de Mantenimiento de la Paz)
Draft	Reclutamiento (leva, llamada a filas)
Draft card	Cartilla militar
Draft dodger (deserter)	Prófugo (desertor)
Draftee (conscript)	Recluta (quinto, soldado de reemplazo)
Drill	Instrucción (adiestramiento)
Driver	Conductor/a (chófer)
Drone	Dron (aeronave no tripulada)
Drum	Tambor
Drum magazine	Cargador de tambor
Drumhead court martial	Consejo de guerra sumarísimo
Drummer	Tamborilero/a
Due obedience	Obediencia debida (obediencia jerárquica)
Dummy round	Bala de fogueo (cartucho de fogueo)
Dungeon	Mazmorra
Duty non-commissioned officer	Suboficial de guardia
Duty officer	Oficial de guardia
Dynamite	Dinamita

E

Early warning (EW)	Alerta temprana (EW)
Earthquake	Terremoto
ECCM (Electronic Counter-Countermeasures)	ECCM (anticontramedidas electrónicas)
ECM (electronic countermeasures)	ECM (contramedidas electrónicas)
ECOMOG (Cease-Fire Monitoring Group)	ECOMOG (Grupo de Seguimiento del Alto el Fuego)
Electric generator (power generator)	Generador eléctrico
Electromagnetic radiations	Radiaciones electromagnéticas
Electronic counter-countermeasures	Anticontramedidas electrónicas
Electronic countermeasures	Contramedidas electrónicas
Electronic delay detonator	Detonador electrónico de retardo
Electronic intelligence (ELINT)	Inteligencia electrónica (ELINT)
Electronic support (ES)	Apoyo electrónico (ES)
Electronic support measures (ESM)	Medidas de apoyo electrónico (ESM)
Electronic warfare (EW)	Guerra electrónica (GEL)
ELINT (Electronic Intelligence)	ELINT (inteligencia electrónica)
Elite unit	Unidad de élite
EMAD (Spanish Defence Staff)	EMAD (Estado Mayor de la Defensa)
EME (Spanish Army Staff)	EME (Estado Mayor del Ejército)
Emergency landing	Aterrizaje de emergencia
Emergency military unit in Spain (UME)	Unidad militar de emergencias (UME)
Emergency parachute	Paracaídas de emergencia
EMF (EUROMARFOR, European Maritime Force)	EUROMARFOR (Fuerza Marítima Europea)
Encirclement	Embolsamiento
Encrypted message (coded message)	Mensaje cifrado
Enemy (foe)	Enemigo/a
Enemy base	Base enemiga
Enemy defences	Defensas enemigas
Enemy lines	Líneas enemigas
Enemy prisoner of war (EWP)	Prisionero/a de guerra enemigo (EWP)
Engagement	Enfrentamiento (combate)
Engine	Motor
Engine room (machine room)	Sala de máquinas
Engineer battalion	Batallón de ingenieros
Engineer regiment	Regimiento de ingenieros
Engineers	Ingenieros
Enriched uranium	Uranio enriquecido
Ensign (Second Lieutenant)	Alférez
EOD (Explosive Ordnance Disposal)	EOD (neutralización de material explosivo)
EOSG (Executive Office of the Secretary	EOSG (oficina ejecutiva del secretario

General)	general)
EPW (Enemy Prisoner of War)	EPW (prisionero/a de guerra enemigo)
Equipment	Equipo (instrumentos, aparatos)
ES (Electronic Support)	ES (apoyo electrónico)
ESA (European Space Agency)	ESA (Agencia Espacial Europea)
Escort (security)	Escolta
ESDI (European Security and Defence Identity)	ESDI (Identidad europea de seguridad y defensa)
ESM (Electronic Support Measures)	ESM (medidas de apoyo electrónico)
Espionage (spying)	Espionaje
ESS (Eurofighter Simulation Systems)	ESS (Sistemas de Simulación del Eurofighter)
Ethnic cleansing	Limpieza étnica
EU (European Union)	UE (Unión Europea)
EUMAM (European Union Military Advisory Mission)	EUMAM (Misión de Asesoramiento Militar de la Unión Europea)
EUMM (European Union Monitoring Mission)	EUMM (Misión de Monitorización de la Unión Europea)
EUMS (European Union Military Staff)	EMUE (Estado Mayor de la Unión Europea)
EURATOM (European Atomic Energy Community)	EURATOM (Comunidad Europea de la Energía Atómica)
Eurocorps	Eurocuerpo
Eurofighter simulation systems (ESS)	Sistemas de simulación del Eurofighter
EUROMARFOR (European Maritime Force, EMF)	EUROMARFOR (Fuerza Marítima Europea)
European Atomic Energy Community (EURATOM)	Comunidad Europea de la Energía Atómica (EURATOM)
European Maritime Force (EUROMARFOR, EMF)	Fuerza Marítima Europea (EUROMARFOR)
European security and defence identity (ESDI)	Identidad europea de seguridad y defensa (ESDI)
European Space Agency (ESA)	Agencia Espacial Europea (ESA)
European Union	Unión Europea (UE)
European Union Military Advisory Mission (EUMAN)	Misión de Asesoramiento Militar de la Unión Europea (EUMAN)
European Union Military Staff (EUMS)	Estado Mayor de la Unión Europea (EMUE)
Evacuation	Evacuación
EW (Early Warning)	EW (Alerta Temprana)
EW (Electronic Warfare)	GEL (Guerra Electrónica)
Ex-combatant	Excombatiente
Execution (shooting)	Fusilamiento
Executive Officer (XO)	Oficial ejecutivo
Exercise	Ejercicio
Exile	Exilio
Exiled	Exiliado/a
Expeditionary	Expedicionario/a
Expeditionary force	Fuerza expedicionaria
Explosion (blast)	Explosión
Explosion crater	Cráter de explosión

Explosive	Explosivo
Explosive charge	Carga explosiva
Explosive ordnance disposal (EOD)	Neutralización de material explosivo
Explosive substance	Materia explosiva
Ex-serviceman	Exmilitar (militar retirado)
Extended magazine (extended mag)	Cargador ampliado
Extermination (extinction)	Exterminio
Extermination camp (death camp)	Campo de exterminio

F

Facilities	Instalaciones
Faction	Facción
FAS (Spanish armed forces)	FAS (Fuerzas Armadas)
FCR (Fire-Control Radar)	FCR (radar de control de tiro)
FEL (Free-Electron Laser)	FEL (láser de electrones libres)
Fellowship (comradeship)	Compañerismo
Ferry	Transbordador
Field artillery	Artillería de campaña
Field glasses	Gemelos de campaña (prismáticos)
Field gun	Cañón de campaña
Field hospital	Hospital de campaña
Field kitchen	Cocina de campaña
Field Marshall	Capitán General
Field of fire	Campo de tiro (área de alcance)
Field punishment	Castigo de campo
Field ration (combat ration)	Ración de combate
Field training exercise (FTX)	Ejercicio de entrenamiento de campo
Fifth-generation fighter jets	Quinta generación de cazas de reacción
Fight (fighting, combat)	Lucha (combate)
Fighter (fighter plane, fighter jet)	Caza (avión de combate)
Fighter pilot	Piloto de caza (piloto de combate)
Fighter squadron	Escuadrón de cazas
Fighter-bomber	Cazabombardero
Fighter-ground attack	Avión de ataque al suelo
Fighter-interceptor	Interceptador (caza de interceptación)
Fighting force	Fuerza beligerante
Fighting formation	Formación de combate
Fighting position (fighting stance)	Posición de combate
Fire	Fuego (incendio)
Fire at discretion	Fuego a discreción
Fire control	Control de fuego
Fire engine	Camión de bomberos
Fire extinguisher	Extintor
Firearm	Arma de fuego
Fire-control radar (FCR)	Radar de control de tiro (FCR)
Firepower	Potencia de fuego
Firing exercises	Ejercicios de tiro
Firing line (firing wall)	Paredón (pared para fusilamientos)
Firing squad	Pelotón de fusilamiento
First aid post	Puesto de primeros auxilios (socorro)

First corporal	Cabo primero (ejército de tierra)
First sergeant	Sargento primero (ejército de tierra)
First World War (World War I, the Great War)	Primera Guerra Mundial (la Gran Guerra)
First-aid kit	Botiquín de primeros auxilios
Fix bayonets	Calar la bayoneta
Fixed bayonet	Bayoneta calada
Fixed-wing aircraft	Avión de ala fija
Flag	Bandera
Flag raising ceremony	Ceremonia de izamiento de bandera
Flagship	Buque insignia
Flamethrower	Lanzallamas
Flank	Flanco
Flare	Bengala
Flare gun	Pistola de bengalas
Flechette (pointed projectile)	Flechette (flechita, proyectil puntiagudo)
Fleet	Flota
Flight	Vuelo
Flight (aerial squadron)	Flotilla (escuadrilla)
Flight (trajectory)	Trayectoria
Flight commander	Jefe de escuadrilla
Flight deck	Cubierta de vuelo
Flight engineer	Ingeniero de vuelo
Flight plan	Plan de vuelo
Flight planning	Planificación del vuelo
Flight simulator	Simulador de vuelo
Floating pontoon	Pontón flotante
Flood	Inundación
Flotilla (fleet)	Flotilla
Flying clothing	Equipo de vuelo (mono de vuelo)
Flypast (flyover)	Desfile aéreo (exhibición aérea)
FMS (Full Mission Simulator)	FMS (simulador de la misión completa)
FOC (Full Operational Capability)	FOC (capacidad operativa plena)
Fog of war	Niebla de guerra
Foghorn	Sirena de niebla
Food	Comida
Forced landing (emergency landing)	Aterrizaje forzoso
Foreign legion	Legión extranjera
Foreign power	Potencia extranjera
Formation	Formación (disposición ordenada)
Fort (stronghold, fortress)	Fuerte (fortaleza, fortificación)
Fortification (fort, fortress, stronghold)	Fortificación (bastión, baluarte, fuerte)
Fortress (stronghold, fortification)	Fortaleza (fortificación)
Fourth-generation warfare (4GW)	Guerra de cuarta generación (4GW)
Fragmentation	Fragmentación

Frangible ammunition	Munición frangible
Frangible bullets	Balas frangibles
Free-electron laser (FEL)	Láser de electrones libres (FEL)
Free fall bomb	Bomba de caída libre
French Foreign Legion	Legión Extranjera Francesa
Friendly fire	Fuego amigo
Frigate	Fragata
Frigate Captain (Commander)	Capitán de fragata
Front (front line)	Frente (línea de frente, primera línea)
Front-line soldier	Soldado de primera línea
FSB (Federal Security Service of the Russian Federation)	FSB (Servicio Federal de Seguridad de la Federación de Rusia)
FSB (Forward Support Base)	FSB (base de apoyo avanzado)
FTX (field training exercise)	FTX (ejercicio de entrenamiento de campo)
Fuel	Combustible (carburante)
Fugitive	Fugitivo/a
Full mission simulator (FMS)	Simulador de la misión completa (FMS)
Full operational capability (FOC)	Capacidad operativa plena (FOC)
Full-scale war	Guerra total
Furir (quartermaster)	Furriel
Fuse	Espoleta (dispositivo de detonación)
Fuselage	Fuselaje
Fusilier (rifleman)	Fusilero

G

Galley	Galera
Garrison	Guarnición (cuartel)
Garrison commander	Comandante de la guarnición
Garrison house	Caserna (cuartel)
Gas mask (respirator)	Máscara antigás
GC (Civil Guard, Spanish military police)	GC (Guardia Civil)
GCE (Ground Combat Element)	GCE (elemento de combate terrestre)
GCHQ (Government Communications Headquarters)	GCHQ (Cuartel General de Comunicaciones del Gobierno - Reino Unido)
Geiger counter	Contador Geiger
General	General
General Admiral	Almirante General
General Captaincy	Capitanía General
Generator (genset)	Generador (grupo electrógeno)
Geneva Conventions	Convenios de Ginebra
Genocide	Genocidio
GEOINT (Geospatial Intelligence)	GEOINT (inteligencia geoespacial)
Germ warfare	Guerra bacteriológica
GGM (Ground-to-Ground Missile)	GGM (misil tierra-tierra)
Glider	Planeador
Global positioning system (GPS)	Sistema de posicionamiento global (GPS)
GMLRS (Guided Multiple Launch Rocket Systems)	GMLRS (sistemas de lanzacohetes múltiples guiados)
GOE (Spanish special operations group)	GOE (Grupo de Operaciones Especiales)
Government Communications Headquarters (GCHQ)	Cuartel General de Comunicaciones del Gobierno (GCHQ) del Reino Unido
GPS (Global Positioning System)	GPS (sistema de posicionamiento global)
GPS jamming	Interferencia de GPS
GPS tracker	Rastreador GPS
GPS tracking	Rastreo GPS
Grand strategy (high strategy)	Gran estrategia (alta estrategia)
Grenade (hand grenade)	Granada
Grenade launcher	Lanzagranadas
Ground attack	Ataque por tierra
Ground combat element (GCE)	Elemento de combate terrestre (GCE)
Ground crew	Tripulación de tierra (personal de tierra)
Ground forces	Fuerzas terrestres
Ground warfare (land warfare)	Guerra terrestre
Ground zero	Zona cero (punto cero)
Groundhog day	Día de la marmota
Ground-to-ground missile (GGM)	Misil tierra-tierra (GGM)

GTAM (Ground-To-Air Missile)	GTAM (misil tierra-aire)
Guard	Guardia
Guard duty	Turno de vigilancia
Guard post	Puesto de centinela (puesto de guardia)
Guardhouse	Caseta del centinela
Guardroom	Cuerpo de guardia
Guardroom (cell)	Calabozo (celda)
Guerrilla	Guerrillero
Guerrilla armed forces (guerrilla group)	Guerrilla
Guerrilla fighter	Combatiente guerrillero
Guerrilla group	Grupo guerrillero
Guerrilla warfare	Guerra de guerrillas
Guided bomb	Bomba guiada
Guided missile	Misil guiado
Gun layer	Apuntador/a
Gun rack	Armero (mueble)
Gunman	Persona armada (pistolero/a)
Gunner	Artillero
Gunpowder	Pólvora
Gunrunner	Contrabandista de armas
Gun's chamber	Recámara del arma
Gunshot	Disparo (balazo, cañonazo)
Gunshot injury (gunshot wound)	Herida de bala (herida por arma de fuego)
Guts	Agallas (valentía, coraje)
Gymnasium (gym)	Gimnasio

H

Hague Convention	Convención de la Haya
Hague Peace Conference	Conferencia de Paz de La Haya
HAHO (High Altitude-High Opening)	HAHO (gran altitud-alta apertura)
HALO (High Altitude-Low Opening)	HALO (gran altitud-baja apertura)
Half-mast (half-staff)	Media asta (media driza)
Hammer and anvil (military tactic)	Martillo y yunque (táctica militar)
Hand grenade	Granada de mano
Hand-to-hand combat (HTH, H2H)	Combate cuerpo a cuerpo
Hangar	Hangar
Harbour (harbor, port)	Puerto
Harbourmaster	Capitán de puerto
Hatch	Escotilla
Hazing	Novatada
Headquarters (HQ)	Cuartel general (CG)
Heavy machine gun	Ametralladora pesada
Heavy weapons (heavy weaponry)	Armamento pesado
Helicopter	Helicóptero
Helicopter battalion	Batallón de helicópteros
Helipad (heliport)	Plataforma de aterrizaje (helipuerto)
Heliport	Helipuerto
Helmet	Casco
Helmsman (helmswoman)	Timonel
Helsinki Accords (Conference on Security and Co-operation in Europe, CSCE)	Conferencia de Helsinki (Conferencia de Seguridad y Cooperación en Europa, CSCE)
Hero (heroine)	Héroe (heroína)
Hierarchic (hierarchical)	Jerárquico/a
Hierarchy	Jerarquía
Higgins boat (LCVP)	Barco Higgins (LCVP)
High command	Alto mando
High explosive (HE)	Alto explosivo
High mobility artillery rocket system (HIMARS)	Sistema de cohetes de artillería de alta movilidad (HIMARS)
High mobility tactical vehicle	Vehículo de alta movilidad táctica
High mobility vehicle	Vehículo de alta movilidad
High morale	Moral alta
High readiness brigade	Brigada de alta disponibilidad
Hill	Colina
HIMARS (High Mobility Artillery Rocket System)	HIMARS (sistema de cohetes de artillería de alta movilidad)
HMMWV (High Mobility Multipurpose Wheeled Vehicle, Humvee)	HMMWV (vehículo militar multipropósito, humvee)

Holocaust	Holocausto
Holster (gun holder)	Pistolera (funda para pistola, cartuchera)
Homeland (country)	Patria
Homemade bomb	Bomba casera
Hostage	Rehén
Hostage standoff	Toma de rehenes
Hostile	Hostil
Hostilities	Hostilidades
House-to-house fighting	Combates casa por casa
Hovercraft	Aerodeslizador
Howitzer (bombshell)	Obús
HQ (Headquarters)	CG (Cuartel General)
HTH (H2H, hand-to-hand combat)	HTH (H2H, combate cuerpo a cuerpo)
HUD (Head-Up Display)	HUD (pantalla de visualización frontal)
Hull	Casco (barco)
Human intelligence (HUMINT)	Inteligencia humana (HUMINT)
Human rights	Derechos humanos
Human rights organisations	Organizaciones de derechos humanos
Humanitarian aid	Ayuda humanitaria
HUMINT (Human Intelligence)	HUMINT (inteligencia humana)
Humvee (High Mobility Multipurpose Wheeled Vehicle, HMMWV)	Humvee (vehículo militar multipropósito, HMMWV)
Hybrid war	Guerra híbrida
Hydrogen bomb	Bomba de hidrógeno
Hypersonic	Hipersónico/a
Hypersonic ballistic missile	Misil balístico hipersónico
Hypersonic weapons	Armas hipersónicas

I

IAEA (International Atomic Energy Agency)	AIEA (Agencia Internacional de la Energía Atómica)
ICBM (Intercontinental Ballistic Missile)	ICBM (misil balístico intercontinental)
ICC (ICCt, International Criminal Court)	CPI (Corte Penal Internacional)
ICCM (Intercontinental Cruise Missile)	ICCM (misil de crucero intercontinental)
ICRC (International Committee of the Red Cross)	CICR (Comité Internacional de la Cruz Roja)
ICT (Information and Communications Technology)	TIC (Tecnologías de la Información y la Comunicación)
IED (Improvised Explosive Devices)	IED (artefactos explosivos improvisados)
IFOR (Implementation Force)	IFOR (fuerza de implementación)
IFV (Infantry Fighting Vehicle)	VCI (Vehículo de Combate de Infantería)
IISS (International Institute for Strategic Studies)	IISS (Instituto Internacional de Estudios Estratégicos)
ILD (Integrated Logistics Support)	ILS (Programa Logístico Integrado)
Immediate reaction team (IRT)	Equipo de reacción inmediata (IRT)
Immersed (submerged)	Sumergido/a
Immersion	Inmersión
Impact (hit)	Impacto
Impact crater	Cráter de impacto
Implementation Force (IFOR)	Fuerza de Implementación (IFOR)
Improvised explosive devices (IED)	Artefactos explosivos improvisados (IED)
IMS (International Military Staff)	EMINTER (Estado Mayor Internacional)
In civilian clothes (in street clothing)	De paisano (en ropa de calle)
In formation	En formación
In the line of duty	En acto de servicio
Incendiary weapons	Armas incendiarias
Independence Day	Día de la Independencia
Indirect fire	Fuego indirecto (tiro indirecto)
Individual ready reserve (IRR)	Reserva individual en alerta (IRR)
INF (Intermediate-Range Nuclear Forces)	INF (fuerzas nucleares intermedias)
INF Treaty (Intermediate-Range Nuclear Forces Treaty	Tratado INF (tratado sobre fuerzas nucleares intermedias)
Infantry	Infantería
Infantry academy	Academia de infantería
Infantry anti-aircraft weapon (shoulder launched)	Cohete antiaéreo (lanzado desde hombro)
Infantry battalion	Batallón de infantería
Infantry brigade	Brigada de infantería
Infantry division	División de infantería
Infantry fighting vehicle (IFV)	Vehículo de combate de infantería (VCI)
Infantry regiment	Regimiento de infantería

Infantry soldier (foot soldier)	Soldado de infantería
Infiltration	Infiltración
Information warfare	Guerra de la información
Informer (informant)	Informador/a (informante, confidente)
Infrared-guided missiles	Misiles guiados por infrarrojos
Infrastructure	Infraestructura
Initial operational capability (IOC)	Capacidad operativa inicial (IOC)
Injury	Lesión (daño, herida)
Insider	Infiltrado/a (informador/a)
Insider information	Información privilegiada
Inspection	Inspección
Insubordinate	Insubordinado/a
Insubordination	Insubordinación
Insurgency (rebellion)	Insurgencia (sublevación, rebelión)
Intelligence	Inteligencia
Intelligence agency	Agencia de inteligencia
Intelligence analysis	Análisis de inteligencia
Intelligence Corps (Int Corps)	Cuerpo de inteligencia británico
Intelligence service	Servicio de inteligencia
Intelligence, surveillance and reconnaissance (ISR)	Inteligencia, vigilancia y reconocimiento (ISR)
Intelligence, surveillance, target acquisition and reconnaissance (ISTAR)	Inteligencia, vigilancia, localización de objetivos y reconocimiento (ISTAR)
Interallied Confederation of Reserve Officers (CIOR)	Confederación Interaliada de Oficiales de Reserva (CIOR)
Interceptor	Interceptor
Intercontinental ballistic missile (ICBM)	Misil balístico intercontinental (ICBM)
Intercontinental cruise missile (ICCM)	Misil de crucero intercontinental (ICCM)
Interdiction	Interdicción
Intermediate-range ballistic missile (IRBM)	Misil balístico de alcance intermedio (IRBM)
Intermediate-Range Nuclear Forces (INF)	Fuerzas nucleares intermedias (INF)
International Atomic Energy Agency (IAEA)	Agencia Internacional de Energía Atómica (AIEA)
International body (international agency)	Organismo internacional
International Brigades	Brigadas Internacionales
International Committee of the Red Cross (ICRC)	Comité Internacional de la Cruz Roja (CICR)
International Court of Justice	Corte Internacional de Justicia
International Criminal Court (ICC, ICCt)	Corte Penal Internacional (CPI)
International Military Staff (IMS)	Estado Mayor Internacional (EMINTER)
International organisation	Organización internacional
International relations	Relaciones internacionales
Invader	Invasor/a (sust.)
Invading	Invasor/a (adj.)
Invasion	Invasión
Invasion by air	Invasión por aire

Invasion by land (ground invasion)	Invasión por tierra (invasión terrestre)
Invasion by sea	Invasión por mar
Invincible (unbeatable)	Invencible
IOC (Initial operational Capability)	IOC (capacidad operativa inicial)
IPU (Integrated Police Units)	IPU (Unidad de Policía Integrada)
IR (infrared)	IR (infrarrojos)
IRBM (Intermediate-Range Ballistic Missile)	IRBM (misil balístico de alcance intermedio)
IRR (Individual Ready Reserve)	IRR (reserva individual en alerta)
Irregular warfare	Guerra irregular
IRT (Immediate Reaction Team)	IRT (equipo de reacción inmediata)
IRTC (International Recommended Transit Corridor)	IRTC (corredor de tránsito internacionalmente recomendado)
ISAF (International Security Assistance Force)	ISAF (fuerza internacional de asistencia para la seguridad)
ISR (Intelligence, Surveillance and Reconnaissance)	ISR (inteligencia, vigilancia y reconocimiento)
ISTAR (Intelligence, Surveillance, Target Acquisition and Reconnaissance)	ISTAR (inteligencia, vigilancia, localización de objetivos y reconocimiento)

J

JCS (Joint Chiefs of Staff)	EMACON (Estado Mayor Conjunto)
Jeep	Jeep
JEMAD (Spanish Chief of Staff)	JEMAD (Jefe de Estado Mayor de la Defensa)
Jerry can (petrol canister)	Bidón de gasolina
Jet aircraft	Avión de reacción
Jet Propulsion Laboratory (JPL)	Laboratorio de propulsión a reacción
Jetty (pier, dock, quay)	Embarcadero (malecón)
JFT (Joint Task Force)	JTF (fuerza de tarea conjunta)
JNCO (Junior Non-Commissioned Officer)	Suboficial subalterno
JOA (Joint Operations Area)	JOA (zona de operaciones conjuntas)
Joint Chiefs of Staff (JCS)	Estado Mayor Conjunto (EMACON)
Joint command	Comando conjunto
Joint exercise (JOINTEX)	Ejercicio común (JOINTEX)
Joint force	Fuerza conjunta
Joint Force Command	Mando de las Fuerzas Conjuntas
Joint Operations Area (JOA)	Zona de operaciones conjuntas (JOA)
Joint strategic plan	Plan estratégico conjunto
Joint task force (JTF)	Fuerza de tarea conjunta (JTF)
JOINTEX (joint exercise)	JOINTEX (ejercicio común)
JPL (Jet Propulsion Laboratory)	JPL (laboratorio de propulsión a reacción)
Junior Non-Commissioned Officer (JNCO)	Suboficial subalterno
Junta (military junta)	Junta militar
JWID (Joint Warrior Interoperability Demonstration)	JWID (demostración de tecnologías de la información y las comunicaciones)

K

Kamikaze	Kamikaze
Kamikaze drone (suicide drone)	Dron kamikaze (dron suicida)
Katana	Catana (katana, sable japonés)
Keel	Quilla
Kill chain	Kill chain (cadena de ataque)
Killed in action (KIA)	Muerto/a en combate
Killer robots	Robots asesinos
Killing fields	Campos de exterminio
Kiloton	Kilotón
Kitchen	Cocina
Knife	Cuchillo (navaja)
Knot	Nudo

L

Lance (spear)	Lanza
Land army (ground forces, army)	Ejército de Tierra
Land component command (LCC)	Mando de componente terrestre (LCC)
Land topography	Topografía del terreno
Land-based search and rescue	Búsqueda y salvamento terrestre
Landing (aircraft)	Aterrizaje
Landing (boat)	Desembarco
Landing craft	Barcaza de desembarco
Landing craft control (LCC)	Barcaza de desembarco de control
Landing craft mechanised (LCM)	Barcaza de desembarco mecanizada
Landing craft navigation (LCN)	Barcaza de desembarco de navegación
Landing craft tank (LCT)	Barcaza de desembarco de tanque
Landing craft, vehicle, personnel (LCVP)	Barcaza de desembarco de vehículos y personal
Landing ship	Buque de desembarco
Landing ship dock (LSD)	Buque de desembarco dique
Landing ship tank (LST)	Buque de desembarco tanques
Landing vehicle tracked (LVT)	Vehículo de desembarco con orugas
Landing zone	Zona de aterrizaje
Landmine	Mina terrestre
LASER (Light Amplification by Stimulated Emission of Radiation)	LÁSER (amplificación de la luz por emisión estimulada de radiación)
Laser range finder	Telémetro láser
Laser technology	Tecnología láser
Laser weapon	Arma láser
Last bastion (last stronghold)	Último bastion (último baluarte)
Latrine (toilet)	Letrina (retrete, lavabo)
Launch	Lanzamiento
LAV (Light Armoured Vehicle)	LAV (vehículo blindado ligero)
LAW (Lethal Autonomous Weapon)	LAW (arma autónoma letal)
LAW (Light Anti-tank Weapon, Light Anti-armour Weapon)	LAW (arma ligera anticarro, lanzacohetes antitanque)
LCC (Land Component Command)	LCC (mando de componente terrestre)
LCC (landing craft control)	LCC (barcaza de desembarco de control)
LCM (Landing Craft Mechanised)	LCM (barcaza de desembarco mecanizada)
LCN (Landing Craft Navigation)	LCN (barcaza de desembarco de navegación)
LCT (Landing Craft Tank)	LCT (barcaza de desembarco de tanque)
LCVP (Landing Craft, Vehicle, Personnel)	LCVP (barcaza de desembarco de vehículos y personal)
Lead bullet	Bala de plomo (proyectil de plomo)
Leave	Permiso

Left flank	Flanco izquierdo
Legion	Legión
Legionnaire	Legionario/a
Legitimate military target	Objetivo militar legítimo
Lethal	Letal
Lethal autonomous weapons (LAW)	Armas autónomas letales (LAW)
Lethal force	Fuerza letal
Lethal weapon (deadly weapon)	Arma letal (arma mortífera)
Lethality	Letalidad
Lethality rate	Grado de letalidad
Letter bomb	Carta bomba
Liaison	Enlace
Liaison and observation team (LOT)	Equipo de enlace y observación (LOT)
Liaison officer	Oficial de enlace
LIC (Low Intensity Conflict)	GBI (Guerra de Baja Intensidad)
Lieutenant	Teniente
Lieutenant Colonel	Teniente Coronel
Lieutenant Commander	Capitán de corbeta
Lieutenant General	Teniente General
Life buoy	Boya de salvamento
Life jacket	Chaleco salvavidas
Lifting of the curfew	Levantamiento del toque de queda
Light anti-tank weapon (LAW)	Arma ligera antitanque (LAW)
Light armoured vehicle (LAV)	Vehículo blindado ligero (LAV)
Light machine gun	Ametralladora ligera
Light tank	Carro ligero (tanque ligero)
Lighthouse	Faro
Lightning attack (blitzkrieg)	Ataque relámpago
Lights out (taps)	Toque de silencio
Limpet bomb (limpet mine)	Bomba lapa (mina lapa)
Live ammunition	Munición real
LMG (Light Machine Gun)	LMG (ametralladora ligera)
Locating radar	Radar de detección
Location	Localización (posición)
Lock (sluicegate)	Esclusa
Locker	Taquilla
Logistics	Logística
Logistics (quartermaster)	Intendencia (cuerpo de intendencia)
Logistics support	Apoyo logístico
Logistics Support Area (LSA)	Agrupación de apoyo logístico
Logistics unit	Unidad logística
Long range	Largo alcance (larga distancia)
Long-range ballistic missile (LRBM)	Misil balístico de largo alcance (LRBM)
Long-range conventional cruise missile (LRCCM)	Misil de crucero convencional de largo alcance (LRCCM)

Long-range radar	Radar de largo alcance
Long-range radar sensor	Sensor de radar de largo alcance
Longbow	Arco largo
Lookout post	Puesto de vigía
Lorry (truck)	Camión
LOT (Liaison and Observation Team)	LOT (equipo de enlace y observación)
Low intensity conflict (LIC)	Guerra de baja intensidad (GBI)
Lowering of the flag	Arriada de la bandea
Low-yield tactical nuclear weapon	Arma nuclear táctica de baja potencia
LPD (Landing Platform Dock)	LPD (buque de transporte anfibio)
LRBM (Long-Range Ballistic Missile)	LRBM (misil balístico de largo alcance)
LRCCM (Long-Range Conventional Cruise Missile)	LRCCM (misil de crucero convencional de largo alcance)
LSD (Landing Ship Dock)	LSD (buque de desembarco dique)
LST (Landing Ship Tank)	LST (buque de desembarco tanques)
Lt Col (Lieutenant Colonel)	Tcol (Teniente Coronel)
Lt Gen (Lieutenant General)	TG (Teniente General)
LVT (Landing Vehicle Tracked)	LVT (vehículo de desembarco con orugas)

M

MA (Military Attaché)	AGMIL (Agregado Militar)
MAC (Mandatory Access Control)	MAC (control de acceso obligatorio)
Mach number	Número mach
Machete	Machete
Machine gun	Ametralladora
Machine gun nest	Nido de ametralladoras
Machine room (engine room)	Sala de máquinas
MAD (Mutually Assured Destruction)	DMA (Destrucción Mutua Asegurada)
Magazine	Cargador
Mail bomb (package bomb)	Paquete bomba
Maimed (mutilated)	Mutilado/a
Maimed from the war	Mutilado/a de guerra
Main battle tank (MBT)	Tanque de batalla principal (MBT)
Main deck	Cubierta principal
Maintenance	Mantenimiento
Maintenance staff	Personal de mantenimiento
Major	Mayor (comandante)
Major General	General de División
Mandatory access control (MAC)	Control de acceso obligatorio (MAC)
Mandatory military service	Servicio militar obligatorio
Manoeuvrability (maneuverability)	Maniobrabilidad
Manoeuvre warfare (maneuver warfare)	Guerra de maniobras
Manoeuvres (maneuvers)	Maniobras
MANPADS (Man-Portable Air-Defence System)	MANPADS (sistema de defensa antiaérea portátil)
MANPATS / MPATS (Man-Portable Anti-Tank Systems)	MANPATS / MPATS (Sistemas antitanque portátiles)
Man-portable air-defence system (MANPADS)	Sistema de defensa antiaérea portátil (MANPADS)
Man-portable anti-tank systems (MANPATS, MPATS)	Sistemas antitanque portátiles (MANPATS, MPATS)
Map	Mapa
March	Marcha
Marching band (military band, army band)	Banda de marcha (banda de guerra)
Marine expeditionary unit (MEU)	Unidad expedicionaria de marines (MEU)
Marines (naval infantry)	Marines (infantería de marina)
Martial (military)	Marcial (militar, del ejército)
Martial arts	Artes marciales
Martial law	Ley marcial
Mask	Máscara
Mass destruction	Destrucción masiva

Mass grave	Fosa común
Mass killings	Asesinatos en masa
Massacre	Masacre (matanza)
Mast	Mástil (palo)
Master armourer	Maestro armero
MBT (Main Battle Tank, battle tank, universal tank)	MBT (tanque de batalla principal, carro de combate universal)
MC (Military Committee)	MC (Comité Militar)
Mechanic	Mecánico/a (sust.)
Mechanical	Mecánico/a (adj.)
Mechanised infantry	Infantería mecanizada
Mechanised infantry combat vehicle (MCV)	Vehículo de combate de infantería mecanizada (MCV)
Mechanised infantry division	División de infantería mecanizada
Mechanised infantry regiment	Regimiento de infantería mecanizado
Medal	Medalla
Medal of Honor	Medalla de Honor
Médecins Sans Frontières (MSF)	Médicos sin Fronteras (MSF)
MEDEVAC (medical evacuation)	MEDEVAC (evacuación médica)
Medical centre	Centro médico
Medical evacuation (MEDEVAC)	Evacuación médica (MEDEVAC)
Medical examination	Reconocimiento médico
Medical officer (military doctor)	Oficial médico (médico militar)
Medical orderly (medic)	Enfermero (sanitario)
Medium range	Medio alcance (media distancia)
Medium-range ballistic missile (MRBM)	Misil balístico de alcance medio (MRBM)
Megaton	Megatón
Member state	Estado miembro
Memorial	Memorial (monumento)
Memorial Day	Día de los Caídos
MEPS (Military Entrance Processing Station)	MEPS (centro de procesamiento de entrada a las Fuerzas Armadas)
Mercenary	Mercenario/a
Mercenary army	Ejército mercenario
Merchant navy (merchant fleet)	Marina mercante (flota mercante)
Mess (communal meal)	Rancho (comida comunitaria)
Mess (mess hall, chow hall)	Comedor (cantina, cafetería)
Message	Mensaje
MEU (Marine Expeditionary Unit)	MEU (Unidad Expedicionaria de Marines)
MG (machine gun)	MG (ametralladora)
MIDS (Multifunctional Information Distribution System)	MIDS (sistema de distribución de información multifuncional)
Midshipman (ensign)	Guardiamarina (alférez de fragata)
Mile	Milla
Militarisation (militarization)	Militarización
Militarism	Militarismo

Militarist	Militarista (sust.)
Militaristic	Militarista (adj.)
Military	Militar (castrense, relativo al ejército)
Military academy	Academia militar
Military aid	Apoyo militar
Military airbase	Base aérea militar
Military aircraft	Avión militar
Military alliance	Alianza militar
Military apparatus	Aparato militar
Military assets	Activos militares (recursos militares)
Military Attaché (MA)	Agregado Militar (AGMIL)
Military attack	Ataque militar
Military aviation	Aviación militar
Military band	Banda militar
Military base	Base militar
Military belt	Cinturón militar
Military boots	Botas militares
Military branch	Rama militar
Military brat	Hijo/a de militares
Military budget	Presupuesto militar
Military camouflage	Camuflaje militar
Military camp	Campamento militar
Military campaign	Campaña militar
Military capability	Capacidad militar
Military chaplain	Capellán castrense
Military censor	Censor/a militar
Military coalition	Coalición militar
Military communications	Comunicaciones militares
Military coup (coup d'état)	Golpe militar
Military court	Tribunal militar
Military crane	Grúa militar
Military decoration	Condecoración militar
Military dictatorship	Dictadura militar
Military discipline	Disciplina militar
Military division	División militar
Military doctor	Médico militar
Military doctrine	Doctrina militar
Military drone	Dron militar
Military escort	Escolta militar
Military exercise (military drill, war game)	Ejercicio militar (juego de guerra)
Military forces	Fuerzas militares
Military government	Gobierno militar
Military hardware	Material militar
Military headquarters	Cuartel militar
Military helmet	Casco militar

Military high command	Alto mando militar
Military hierarchy	Jerarquía military (escalafón militar)
Military history	Historia militar
Military honours	Honores militares
Military hospital	Hospital militar
Military ID card	Tarjeta de identificación militar
Military industry	Industria militar
Military infiltration	Infiltración militar
Military infrastructure	Infraestructura militar
Military institution	Institución castrense
Military intelligence	Inteligencia militar
Military intervention	Intervención militar
Military jeep	Jeep militar
Military junta (military government)	Junta militar
Military justice (military law)	Justicia militar
Military laser technology	Tecnología láser militar
Military law	Ley militar (legislación militar)
Military level	Grado militar
Military life	Vida militar
Military march	Marcha militar
Military medical personnel	Personal médico militar
Military movements	Movimientos militares
Military occupation	Ocupación militar
Military offensive	Ofensiva militar
Military officer	Oficial militar
Military operation	Operación militar
Military operations in urban terrain (MOUT)	Operaciones militares en terrenos urbanos (MOUT)
Military Operations Other Than War (MOOTW)	Operaciones militares distintas de la guerra (MOOTW)
Military parade	Desfile militar
Military personnel	Personal militar
Military Police (MP)	Policía Militar (PM)
Military power (military capability)	Poder military (potencia military)
Military propaganda	Propaganda militar
Military rank	Rango militar (graduación, grado)
Military region	Región militar
Military reserve force	Unidad de reserva militar
Military retaliation	Represalia militar
Military retiree	Militar retirado/a
Military rule	Régimen militar (gobierno militar)
Military service (national service)	Servicio militar (la mili)
Military simulation (war game)	Simulación militar (juego de guerra)
Military slang	Argot militar
Military songs	Cantos marciales

Military Staff Committee (MSC)	Comité de Estado Mayor (CEM)
Military strike	Ataque militar
Military tactics	Tácticas militares
Military target (military objective)	Objetivo militar
Military technology	Tecnología militar
Military time	Hora militar
Military training	Entrenamiento militar
Military training camp (boot camp)	Campamento de entrenamiento militar
Military troops (military forces)	Efectivos militares
Military uniform	Uniforme militar
Military unit	Unidad militar
Military vehicle	Vehículo militar
Military-backed	Con apoyo militar
Militia	Milicia
Militia army	Ejército de milicias
Militiaman (militiawoman)	Miliciano/a
Mine (explosive)	Mina (explosivo)
Mine clearance (demining)	Eliminación de minas (desminado)
Minefield	Campo minado (campo de minas)
Mine-Resistant Ambush Protected (MRAP) vehicle	Vehículo Protegido Resistente a las Minas y las Emboscadas (VPRME)
Minesweeper	Dragaminas
Minesweeping (detecting mines)	Rastreo de minas (detección de minas)
Minigun (six-barrel rotary machine gun)	Minigun (ametralladora multicañón)
Minister of Defence	Ministro/a de Defensa
Ministry of Defence (MOD)	Ministerio de Defensa
Missile	Misil
Missile battery	Batería de misiles
Missile defence system	Sistema de defensa antimisiles
Missile gap	Brecha de los misiles
Missile launcher	Lanzamisiles (lanzador de misiles)
Missile shield (anti-missile shield)	Escudo antimisiles
Missile system	Sistema de misiles
Missile-launcher frigate	Fragata lanzamisiles
Missile-tracking radar	Radar de detección de misiles
Missing in action (MIA)	Desaparecido/a en combate
Mission	Misión
Mission accomplished	Misión cumplida
Mission creep	Ampliación de una misión
MLRS (Multiple Launch Rocket System)	MLRS (sistema de lanzacohetes múltiples)
Mobile brigade	Brigada móvil
Mobile training team (MTT)	Equipo móvil de adiestramiento (MTT)
Mobilisation	Movilización
Mobilisation of troops	Movilización de tropas
Mooring buoy	Boya de amarre

MOOTW (Military Operations Other Than War)	MOOTW (operaciones militares distintas de la guerra)
Morale (high spirits)	Moral (estado de ánimo)
Mortar	Mortero
Mortar shell	Proyectil de mortero
MOS (Military Occupational Specialty)	MOS (especialidad ocupacional militar)
Mother country (fatherland)	Madre patria
Motorcycle (motorbike)	Motocicleta
Motorcycle with a sidecar	Motocicleta con sidecar
Motorised infantry	Infantería motorizada
Motorised infantry division	División de infantería motorizada
Motorised infantry regiment	Regimiento de infantería motorizado
Motorised transport (MT)	Transporte por carretera
Motto (slogan)	Lema
Mountain Division	División de Montaña
MOUT (Military Operations in Urban Terrain)	MOUT (operaciones militares en terrenos urbanos)
MP (Military Police)	PM (Policía Militar)
MRBM (Medium-Range Ballistic Missile)	MRBM (misil balístico de alcance medio)
MRE (meal ready to eat)	MRE (comida lista para comer)
MRL (Multiple Rocket Launcher)	MRL (lanzacohetes múltiple)
MSC (Military Staff Committee)	CEM (Comité de Estado Mayor)
MSF (Médecins Sans Frontières)	MSF (Médicos Sin Fronteras)
MSU (Multinational Specialised Unit)	MSU (unidad multinacional especializada)
MTT (Mobile Training Team)	MTT (equipo móvil de adiestramiento)
Multinational army	Ejército multinacional
Multi-national force	Fuerza multinacional
Multinational specialised unit	Unidad multinacional especializada
Multinational Stand-by High Readiness Brigade for United Nations Operations (SHIRBRIG)	Brigada Multinacional de Alta Disponibilidad de Fuerzas en Espera para Operaciones de las Naciones Unidas (SHIRBRIG)
Multiple launch rocket system (MLRS)	Sistema de lanzacohetes múltiple (MLRS)
Multiple rocket launcher (MRL)	Lanzacohetes múltiple (MRL)
Multi-role aircraft	Avión polivalente
Multi-role combat aircraft (MRCA)	Avión de combate polivalente (MRCA)
Musket	Mosquetón
Mutilation	Mutilación
Mutineer	Amotinado/a
Mutiny (rebellion, uprising)	Amotinamiento
Mutually assured destruction (MAD)	Destrucción mutua asegurada (DMA)
MWR (Morale, Welfare and Recreation)	MWR (Recreación, Bienestar y Espíritu)

N

NAA (North Atlantic Assembly)	AAN (Asamblea del Atlántico Norte)
NAC (North Atlantic Council)	CAN (Consejo del Atlántico Norte)
National army	Ejército nacional
National defence	Defensa nacional
National Guard	Guardia Nacional
National Liberation Army	Ejército de Liberación Nacional
National security	Seguridad nacional
National Security Agency (NSA)	Agencia de Seguridad Nacional (EE.UU.)
NATO (North Atlantic Treaty Organisation)	OTAN (Organización del Tratado del Atlántico Norte)
NATO member states	Estados miembros de la OTAN
NATO Response Force (NRF)	Fuerza de respuesta de la OTAN
Natural disaster	Desastre natural (catástrofe natural)
Nautical mile	Milla náutica (milla marina)
Naval academy	Escuela naval
Naval air station	Base aeronaval
Naval attaché	Agregado naval
Naval aviation	Aviación naval
Naval base	Base naval
Naval battle (sea battle)	Batalla naval
Naval drone	Dron naval
Naval forces	Fuerzas navales
Naval infantry	Infantería de marina
Naval infantry battalion	Batallón de infantería de marina
Naval mine	Mina marina
Naval officer	Oficial naval (oficial de marina)
Naval War College (NWC)	Escuela de Guerra Naval (EGN)
Naval warfare	Guerra naval
Navigation	Navegación
Navigation systems	Sistemas de navegación
Navy	Armada (Marina)
Navy and Air Force joint command	Comando conjunto Fuerza Aérea/Marina
NBC (Nuclear, Biological and Chemical)	NBQ (Nuclear, Biológica y Química)
NBC war	Guerra NBQ
NCO (Non-Commissioned Officer)	NCO (suboficial)
NEA (Nuclear Energy Agency)	AEN (Agencia para la Energía Nuclear)
Nerve agent (nerve gas)	Gas nervioso
New world order (NOW)	Nuevo orden mundial
Next Generation Light Anti-tank Weapon (NLAW)	Arma ligera antitanque de nueva generación (NLAW)
NFZ (No-Fly Zone)	NFZ (zona de exclusión aérea)

Night combat	Combate nocturno
Night guard (night watchman)	Imaginaria (vigilante por las noches)
Night vision	Visión nocturna
Night-vision goggles	Gafas de visión nocturna
Night watch	Guardia nocturna
NLAW (Next Generation Light Anti-Tank Weapon)	NLAW (arma ligera antitanque de nueva generación)
NLW (non-lethal weapons)	ANL (armas no letales)
No-fly zone	Zona de exclusión aérea
No-man's land	Tierra de nadie (territorio de nadie)
Non Sibi Sed Patriae (Not for self, but for country)	Non Sibi Sed Patriae (No por uno, sino por la Patria)
Non-combatant	No combatiente
Non-Commissioned Officer (NCO)	Suboficial
Non-lethal weapons (NLW)	Armas no letales (ANL)
Non-strategic nuclear weapons	Armas nucleares no estratégicas
North Atlantic Assembly (NAA)	Asamblea del Atlántico Norte (AAN)
North Atlantic Council (NAC)	Consejo del Atlántico Norte (CAN)
North Atlantic Treaty Organisation (NATO)	Organización del Tratado del Atlántico Norte (OTAN)
Nose of an aircraft	Morro de un avión
Novice (fresher)	Novato
NPT (Nuclear Non-Proliferation Treaty)	TNP (Tratado de No Proliferación Nuclear)
NSA (National Security Agency)	NSA (Agencia de Seguridad Nacional)
Nuclear arsenal	Arsenal atómico
Nuclear bomb	Bomba nuclear
Nuclear deterrence	Disuasión nuclear
Nuclear deterrence policy	Política de disuasión nuclear
Nuclear Energy Agency (NEA)	Agencia para la Energía Nuclear (AEN)
Nuclear force	Fuerza nuclear
Nuclear missile (nuke)	Misil nuclear
Nuclear Non-Proliferation Treaty (NPT)	Tratado de No Proliferación Nuclear (TNP)
Nuclear power	Potencia nuclear
Nuclear submarine	Submarino atómico (submarino nuclear)
Nuclear triad	Tríada nuclear
Nuclear warhead	Ojiva nuclear (cabeza nuclear)
Nuclear weapons	Armas nucleares (armamento nuclear)
Nuclear, chemical & biological defence	Defensa nuclear, biológica y química
Nuclear-powered submarine	Submarino de propulsión nuclear
Nurse	Enfermera (enfermero)
NWC (Naval War College)	EGN (Escuela de Guerra Naval)
NWO (New World Order)	NOM (Nuevo Orden Mundial)
NWS (Nuclear-Weapon States)	NWS (estados poseedores de armas nucleares)

O

Obedience	Obediencia
Observation	Observación
Observation balloon (spy balloon)	Globo de observación
Observation post	Puesto de observación
Observer	Observador/a
Occupation	Ocupación
Occupying army	Ejército de ocupación
Occupying forces	Fuerzas de ocupación
OCHA (Office for the Coordination of Humanitarian Affairs)	OCHA (Oficina para la Coordinación de Asuntos Humanitarios)
OCS/OTS (Officer Candidate School/Officer Training School)	OCS/OTS (Escuela de Aspirantes a Oficial /Escuela de Entrenamiento para Oficiales)
OECD (Organisation for Economic Co-operation and Development)	OCDE (Organización para la Cooperación y el Desarrollo Económico)
Offensive (attack)	Ofensiva (ataque)
Offensive tactics	Tácticas ofensivas
Office for the Coordination of Humanitarian Affairs (OCHA)	Oficina para la Coordinación de Asuntos Humanitarios (OCHA)
Officer	Oficial
Officer cadet	Cadete oficial
Officer's mess	Comedor de oficiales (casino, club)
On active duty	En servicio
On leave	De permiso
OPCW (Organisation for the Prohibition of Chemical Weapons)	OPAQ (Organización para la Prohibición de las Armas Químicas
Open wound	Herida abierta
Open-source intelligence (OSINT)	Inteligencia de fuentes abiertas (OSINT)
Operation	Operación
Operations room	Sala de operaciones
Operator	Operador/a
Opponent (adversary)	Oponente (contrincante)
Order	Orden
Orderly	Ordenanza
Orderly room	Oficina de la unidad administrativa
Orders Group (O group)	Jefatura de órdenes
Ordinary seaman (sailor)	Marinero
Organisation for Economic Co-operation and Development (OECD)	Organización para la Cooperación y el Desarrollo Económico (OCDE)
Organisation for the Prohibition of Chemical Weapons (OPCW)	Organización para la Prohibición de las Armas Químicas (OPAQ)
OSINT (Open-Source Intelligence)	OSINT (inteligencia de fuentes abiertas)
Outer hull	Casco exterior (cubierta exterior)

Over (radio communications)	Cambio (comunicaciones radio)
Over and out	Cambio y corto (comunicaciones radio)
Oxygen mask	Máscara de oxígeno

P

Pacification	Pacificación
Pacifist	Pacifista
Padlock	Candado
PAG (Pirate Action Group)	PAG (grupo de acción pirata)
Parachute	Paracaídas
Parachuting	Paracaidismo
Parade	Desfile
Parade ground	Plaza de armas
Paramedic (paramedical)	Paramédico/a
Paramilitary (militia)	Paramilitar
Paramilitary group	Grupo paramilitar
Paramilitary unit	Unidad paramilitar
Paratrooper	Paracaidista
Paratroopers brigade	Brigada paracaidista
Partnership for Peace (PfP)	Asociación para la Paz (APP)
Patriot (patriotic)	Patriota
Patriotic	Patriótico/a
Patriotism	Patriotismo
Patrol	Patrulla
Patrol boat	Lancha patrullera
Patrol vessel (patrol ship, patrol craft)	Buque patrullero
Pay	Sueldo (paga)
Payload	Carga útil
PCA (Permanent Court of Arbitration)	CPA (Corte Permanente de Arbitraje)
PCS (Permanent Change of Station)	PCS (cambio de puesto permanente)
Peace	Paz
Peace agreement	Acuerdo de paz
Peace Corps	Cuerpo de Paz
Peace mission	Misión de paz
Peaceful	Pacífico/a
Peaceful settlement	Solución pacífica (acuerdo pacífico)
Peacekeeping	Mantenimiento de la paz
Peacekeeping forces	Fuerzas de mantenimiento de la paz
Peacekeeping mission	Misión pacificadora
People displaced by the war	Desplazados de guerra
Percussion cap	Fulminante (cápsula fulminante)
Permanent change of station	Cambio de puesto permanente
Permanent Court of Arbitration (PCA)	Corte Permanente de Arbitraje (CPA)
PESCO (Permanent Structured Cooperation)	CEP (Cooperación Estructurada Permanente)

Petrol canister (jerry can)	Bidón de gasolina
Petrol, oil & lubricants (POL)	Carburantes y lubrificantes
Petty officer (PO)	Cabo (suboficial, contramaestre)
PfP (Partnership for Peace)	APP (Asociación para la Paz)
PFT (Physical Fitness Test)	PFT (prueba de aptitud física)
PHIBEX (amphibious exercise)	PHIBEX (ejercicio anfibio)
Physical fitness test	Prueba de aptitud física
Physical training (PT)	Preparación física (entrenamiento físico)
Pilot	Piloto
Pilot (harbour)	Práctico de puerto
Pirate action group (PAG)	Grupo de acción pirata (PAG)
Pistol (handgun)	Pistola
PLANELM (Planning Element)	PLANELM (Elemento de Planeamiento)
Planning cell	Célula de planificación
Planning element (PLANELM)	Elemento de Planeamiento (PLANELM)
Platoon (squad)	Pelotón
PLOS (Predicted Line Of Sight)	PLOS (línea de visión prevista)
PLSS (Precision Location Strike System)	PLSS (sistema de localización y ataque de precisión)
PMC (Private Military Company)	PMC (empresa militar privada)
PMSC (Private Military and Security Company)	Empresas proveedoras de servicios de defensa (EPSD)
POC (Point Of Contact)	POC (punto de contacto)
Pocket knife	Navaja de bolsillo
Pockets of resistance	Focos de resistencia
Point of contact (POC)	Punto de contacto (POC)
Political persecution	Persecución política
Pontoon	Pontón
Popular war (people's war)	Guerra popular
Port (harbour, harbor)	Puerto
Port (port side)	Babor
Position	Posición
POW (Prisoner Of War)	POW (prisionero/a de guerra)
Powder (gunpowder)	Pólvora
Powder keg	Barril de pólvora
Power	Potencia (poder)
Power pack	Grupo propulsor (unidad de alimentación)
Powerboat (speedboat)	Lancha motora
Powerful (mighty, strong)	Poderoso/a (fuerte)
Powerful ally	Aliado poderoso
Prank (hazing)	Novatada
Precision Location Strike System (PLSS)	Sistema de localización y ataque de precisión (PLSS)
Predicted line of sight (PLOS)	Línea de visión prevista (PLOS)
Preparations	Preparativos
Pride	Orgullo

Principal subordinate commanders (PSC)	Mandos subordinados principales (PSC)
Prisoner	Prisionero/a
Prisoner exchange (prisoner swap)	Intercambio de prisioneros
Prisoner of war (POW)	Prisionero/a de guerra (POW)
Private	Soldado raso (ejército de tierra)
Private first class	Soldado de primera (ejército de tierra)
Private military company (PMC)	Empresa militar privada (PMC)
Private military and security company (PMSC)	Empresas proveedoras de servicios de defensa (EPSD)
Professional troops	Tropas profesionales
Promotion	Promoción (ascenso)
Propaganda	Propaganda
Propellant (explosive substance)	Propelente (materia explosiva)
Propeller	Hélice
Provisions (food)	Provisiones (víveres)
Prow (bow)	Proa
Proxy war	Guerra proxy (guerra por procuración)
PSC (Principal Subordinate Commanders)	PSC (mandos subordinados principales)
Psychological effect	Efecto psicológico
Psychological warfare	Guerra psicológica
Punishment	Castigo
Punitive	Punitivo/a
Punitive military operations	Operaciones militares punitivas
PX (Post Exchange)	PX (intercambio de correos)

Q

QRF (Quick Reaction Force)	FRR (Fuerza de Reacción Rápida)
Quartermaster (QM)	Intendente general
Quartermaster corps	Cuerpo de intendencia
Quick march	Paso ligero
Quick reaction force (QRF)	Fuerza de reacción rápida (FRR)

R

R&D (Research & Development)	I+D (Investigación y Desarrollo)
R&D flight	Vuelo de recepción y distribución
RA (Royal Artillery, Royal Regiment of Artillery, The Gunners)	RA (Artillería Real, Regimiento Real de Artillería del ejército británico)
Radar	Radar
Radar equipment	Equipo de radar
Radar operator	Radarista (operador/a de radar)
Radar screen	Pantalla de radar
Radar station	Estación de radar
Radio (radio set)	Radio (aparato de radio)
Radio beacon	Radiobaliza
Radio communications	Comunicaciones por radio
Radio emissions	Emisiones de radio
Radio jamming	Interferencias de radio
Radio operator	Operador/a de radio
Radio set	Aparato de radio
Radio transmitter	Transmisor de radio (radiotransmisor)
Radioactive	Radiactivo/a (radioactivo/a)
Radioactivity	Radiactividad (radioactividad)
Radiological weapons	Armas radiológicas
Radius of action	Radio de acción
RAF (Royal Air Force)	RAF (Real Fuerza Aérea - Reino Unido)
Raid (incursion)	Incursión (ataque, redada, razzia)
Rainbow codes	Códigos arcoíris
Raising of the flag	Izada de la bandera
Range	Alcance (distancia, autonomía)
Range finder (telemeter)	Telémetro
Range of a weapon	Alcance de un arma
Range to a target	Distancia al blanco
Rank	Graduación (grado, rango militar)
RAP (Readiness Action Plan)	RAP (Plan de acción para la preparación)
Rapid roping	Amarre rápido
Rate of firing	Cadencia de tiro
Ration	Ración
Rationing	Racionamiento
Readiness Action Plan (RAP)	Plan de acción para la preparación (RAP)
Rear Admiral (Counter Admiral)	Contralmirante
Rear guard (rear)	Retaguardia
Rebellion (uprising)	Rebelión (insurrección)
Receipt and Dispatch (R&D)	Recepción y distribución

Receiver	Receptor
Reconnaissance (recce, recon)	Reconocimiento
Reconnaissance aircraft (spy plane)	Avión de reconocimiento (avión espía)
Reconnaissance flight	Vuelo de reconocimiento
Reconnaissance mission	Misión de reconocimiento
Reconnaissance patrol	Patrulla de reconocimiento
Reconnaissance satellite (intelligent satellite, spy satellite)	Satélite de reconocimiento (satélite espía)
Reconnaissance team	Equipo de reconocimiento
Reconstruction	Reconstrucción
Recruit (conscript)	Recluta (conscripto)
Recruitment (conscription, draft)	Reclutamiento
Reef knot (sailor's knot)	Nudo marinero
Refugee	Refugiado/a
Regiment	Regimiento
Regular troops	Fuerzas regulares
Regulares (Indigenous Regular Forces)	Regulares (Fuerzas Regulares Indígenas)
Reinforcements	Refuerzos
Relief (change of the guard)	Relevo (cambio de guardia)
Remote control	Control remoto
Remotely Operated Underwater Vehicle (ROUV)	Vehículo submarino operado remotamente (ROUV)
Remotely piloted vehicle (RPV)	Vehículo de control remoto (RPV)
Repair	Reparación
Repeating shotgun	Escopeta de repetición
Replenishment	Reaprovisionamiento
Report	Informe
Rescue (salvage)	Rescate (salvamento)
Rescue team (salvage team)	Equipo de salvamento
Research & Development (R&D)	Investigación y Desarrollo (I+D)
Research laboratory	Laboratorio de investigación
Reserve (replacement)	Reemplazo (remplazo)
Reserve parachute (backup parachute)	Paracaídas de reserva (de respaldo)
Reserves	Reservas
Reservist	Reservista
Resistance	Resistencia
Resistance movement	Movimiento de resistencia
Respirator (gas mask)	Máscara antigás
Retaliation	Represalia
Retaliatory action	Acción de represalia
Retaliatory strike	Ataque en represalia
Retired	Retirado/a (jubilado/a)
Retirement	Retiro
Retreat (withdrawal)	Retirada (repliegue)
Reveille (bugle call)	Diana (toque de diana, toque de corneta)

Revolver	Revólver
Rifle	Rifle (fusil)
Right flank	Flanco derecho
River crossing	Vadeo de un río
Robotic weapons (killer robots)	Armas robóticas (robots asesinos)
Rocket	Cohete
Rocket launcher	Lanzacohetes (lanzador de cohetes)
Rocket plane	Avión artillado (lanzamisiles)
Roger (Roger that)	Recibido (mensaje recibido)
Rookie (recruit)	Soldado novato (recluta)
ROTC (Reserve Officers' Training Corps)	ROTC (cuerpo de entrenamiento de oficiales de la reserva)
Round (projectile, gunshot)	Cartucho (proyectil, disparo)
Route	Ruta (itinerario)
ROUV (Remotely Operated Underwater Vehicle)	ROUV (vehículo submarino operado remotamente)
Royal Air Force (RAF)	Real Fuerza Aérea (RAF - Reino Unido)
Royal Artillery (RA, Royal Regiment of Artillery, The Gunners)	Artillería Real (Regimiento Real de Artillería del ejército británico)
Royal Logistics Corps (Quartermaster Corps)	Cuerpo Logístico Real (Cuerpo de Intendencia del Reino Unido)
Royal Navy	Marina Real Británica
Royal Tank Regiment (RTR)	Regimiento Real de Tanques (Reino Unido)
RPV (Remotely Piloted Vehicle)	RPV (vehículo de control remoto)
RTR (Royal Tank Regiment)	RTR (Regimiento Real de Tanques, Reino Unido)
Rubber bullet	Bala de goma
Rubber shell	Proyectil de goma
Rucksack (backpack)	Mochila (petate)
Runway lightning	Balizaje (luces de pista, iluminación)

S

Sabotage	Sabotaje
Saboteur	Saboteador/a
Sabre (saber)	Sable
SACEUR (Supreme Allied Commander Europe)	SACEUR (Comandante Supremo Aliado en Europa)
Safe-conduct (pass)	Salvoconducto
Safety catch	Seguro (de un arma)
Sailor	Marinero
Sailor cap	Gorro de marinero
Sailor's knot (reef knot)	Nudo marinero
Salient (bulge)	Saliente
SALT (Strategic Arms Limitation Talks)	SALT (Tratado de Limitación Armas Estratégicas)
Salute (military salute)	Saludo (saludo militar)
Salvage (rescue)	Salvamento
Salvo (salute, gun salute)	Salva (disparos de saludo)
SAM (Surface-to-Air Missile)	SAM (misil tierra-aire)
Sandbags	Sacos de arena
Sapper (combat engineer)	Zapador
Sapper combat vehicle	Vehículo de combate de zapadores (VCZ)
Sapper regiment	Regimiento de zapadores
SAR (Search And Rescue)	SAR (servicio de búsqueda y salvamento)
SATCOM (satellite communications)	SATCOM (comunicaciones por satélite)
Satellite	Satélite
Satellite communications	Comunicaciones por satélite
Satellite imagery	Imágenes por satélite
Sawn-off shotgun (sawed-off shotgun)	Escopeta recortada
Scene of military operations	Teatro de operaciones militares
Scorched earth	Tierra quemada
Scorched earth policy	Táctica de tierra quemada
SDI (Strategic Defence Initiative)	IDS (Iniciativa de Defensa Estratégica)
Sea attack	Ataque por mar
Sea battle (naval battle)	Combate naval
SEAL (Sea, Air and Land)	SEAL (mar, aire y tierra)
Seamanship	Marinería
Search and Rescue (SAR)	Búsqueda y salvamento (SAR)
Searchlight (spotlight)	Reflector (foco de búsqueda, proyector)
Second commander	Segundo comandante
Second in Command (2IC)	Segundo jefe (segundo comandante)
Second World War (World War II)	Segunda Guerra Mundial
Secret	Secreto

Secret agent (undercover agent)	Agente secreto/a (agente encubierto/a)
Section	Sección (pelotón)
Section commander	Jefe de pelotón
Security	Seguridad
Self-propelled	Autopropulsado/a
Semi-automatic rifle	Rifle semiautomático
Semi-automatic shotgun	Escopeta semiautomática
Semper Fidelis (always faithful, the motto of the U.S. Marine Corps).	Semper Fidelis (siempre leales, lema del Cuerpo de Marines de los EE.UU.)
Semper Paratus (always ready, the motto of the U.S. Coast Guard)	Semper Paratus (siempre listos, lema de la Guardia Costera de los EE.UU.)
Semper Supra (always above, the motto of the U.S. Space Force)	Semper Supra (siempre arriba, lema de la Fuerza Espacial de los EE.UU.)
Senior airman	Cabo (fuerzas aéreas)
Senior Non-Commissioned Officer (SNCO)	Suboficial de mayor rango
Sentinel (sentry, watchman, guard)	Centinela
Sentinel surveillance	Vigilancia centinela
Sentry box	Garita
Sentry (guard, sentinel, watchman)	Centinela
Sergeant	Sargento
Sergeant major (warrant officer, WO)	Brigada (grado militar)
Sergeant's mess	Club de suboficiales
Service afloat	Servicio a bordo
Service ashore	Servicio en tierra
Service personnel	Personal de mantenimiento
Serviceable	Reparable
Serviceman (servicewoman, soldier)	Militar
Servicing facilities	Instalaciones de mantenimiento
Sgt (sergeant)	Sgto. (sargento)
Shell (projectile)	Proyectil
Shell grenade	Granada de mortero
Shelter	Refugio
Shield	Escudo
Ship (boat, vessel)	Barco (embarcación, buque)
Shipbuilding	Construcción naval
Ship's company (crew)	Dotación (tripulación)
Shipwreck	Naufragio
SHIRBRIG (Multinational Stand-by High Readiness Brigade for United Nations Operations)	SHIRBRIG (Brigada Multinacional de Alta Disponibilidad de Fuerzas en Espera para Operaciones de las Naciones Unidas)
Shooting range (firing range, range)	Campo de tiro
Shooting speed (firing speed)	Velocidad de disparo
SHORAD (Short -Range Air Defence)	SHORAD (defensa aérea de corto alcance)
Short range	Corto alcance (corta distancia)
Short-range air defence (SHORAD)	Defensa aérea de corto alcance (SHORAD)
Short-range air-air missile (SRAAM)	Misil aire-aire de corto alcance (SRAAM)

Short-range ballistic missile (SRBM)	Misil balístico de corto alcance (SRBM)
Short-range radar	Radar de corto alcance
Shot	Disparo (tiro)
Shot in the air	Disparo al aire
Shotgun	Escopeta
Shovel	Pala
Shrapnel	Metralla
Siege	Asedio (acoso, cerco)
Sight (scope)	Mira (mirilla, visor)
SIGINT (Signals Intelligence)	SIGINT (inteligencia de señales)
Signals officer	Oficial de transmisiones
Silencer	Silenciador
Silver bullet	Bala de plata
Simulation	Simulación
Simulator	Simulador
Single-seat aircraft	Avión monoplaza
Skirmish	Escaramuza
Skirmisher	Escaramuzador (hostigador)
Slaughter (massacre, carnage)	Matanza (masacre, carnicería)
SLBM (Submarine-Launched Ballistic Missile)	SLBM (misil balístico lanzado desde submarino)
Sleeping bag	Saco de dormir
Sling (slingshot)	Honda
Slow march	Paso lento
SLt (Second Lieutenant)	Alf. (Alférez)
Smart bomb	Bomba inteligente
SMDC (Space and Missile Defence Command)	SMDC (Comando de Defensa Espacial y de Misiles del Ejército de los EE.UU.)
Smoke grenade	Granada de humo
SNCO (Senior Non-Commissioned Officer)	Suboficial de mayor rango
Sniper	Francotirador/a (tirador de élite, sniper)
Sniper rifle	Rifle de francotirador
Snorkel	Snorkel
Soldier	Soldado
Sonar	Sónar
Sound barrier	Barrera del sonido
Space and Missile Defence Command (SMDC)	Comando de Defensa Espacial y de Misiles del Ejército de los EE.UU.
Space warfare	Guerra espacial
Space weapon	Arma espacial
Spanish Defence Staff (EMAD)	Estado Mayor de la Defensa (EMAD)
Spanish emergency military unit (UME)	UME (Unidad Militar de Emergencias)
Spare parts	Piezas de repuesto
Spear (lance)	Lanza
Special forces (special operations forces, SOF)	Fuerzas especiales (fuerzas de operaciones especiales)

Special mission	Misión especial
Special Naval Warfare Force (FGNE)	Fuerza de Guerra Naval Especial (FGNE)
Special operations	Operaciones especiales
Special Operations Command (SOCOM)	Mando de Operaciones Especiales (MOE)
Special operations group	Grupo de operaciones especiales
Special Operations Unit (SOU)	Unidad de Operaciones Especiales (UOE)
Special reconnaissance patrols	Patrullas de reconocimiento especial
Special Reconnaissance Regiment (SRR)	Regimiento de Reconocimiento Especial
Special Representative of the Secretary General	Representante Especial del Secretario General de la ONU
Speedboat	Lancha rápida
Sports pavilion	Pabellón de deportes
Spy (secret agent)	Espía (agente secreto)
Spy balloon (observation balloon)	Globo espía (globo de observación)
Spy network	Red de espionaje
Spy plane	Avión espía
Squadron	Escuadrón
Squadron commander	Jefe de escuadrón
SRAAM (Short-Range Air-Air Missile)	SRAAM (misil aire-aire de corto alcance)
SRBM (Short-Range Ballistic Missile)	SRBM (misil balístico de corto alcance)
SRR (Special Reconnaissance Regiment)	SRR (Regimiento de Reconocimiento Especial)
SRSG (Special Representative of the Secretary General)	SRSG (Representante Especial del Secretario General de la ONU)
SSBN (Submarine Ship Ballistic Nuclear)	SSBN (misil balístico nuclear submarino)
SSgt (staff sergeant)	Sgt1 (sargento primero)
SSM (Surface-to-Surface Missile)	SSM (misil tierra-tierra)
SSN (Submersible Ship Nuclear)	SSN (buque sumergible nuclear)
Stab (stabbing)	Puñalada
Staff	Estado Mayor (plana mayor)
Staff Officer (SO)	Oficial de Estado Mayor
Staff sergeant	Sargento primero (fuerzas aéreas)
Standing army	Ejército permanente
Standing at attention	Posición de firmes
Standoff missile	Misil lanzado a distancia de seguridad
Standoff weapons	Armas de lanzamiento a distancia
Star Wars	Guerra de las Galaxias
Starboard	Estribor
START (Strategic Arms Reduction Treaty)	START (Conversaciones sobre Reducción de Armas Estratégicas)
State of siege	Estado de sitio
State terrorism	Terrorismo de Estado
Station commander	Comandante de la base
Stealth technology (low observable technology)	Tecnología furtiva (tecnología de invisibilidad)
Steel helmet	Casco de acero
Step forward	Paso al frente

Stern	Popa
STOL (Short Take-Off and Landing)	STOL (despegue y aterrizaje cortos)
Stone	Piedra
Stone cannonball	Bolaño
Stratagem (ploy, plan, scheme)	Estratagema
Strategic	Estratégico/a
Strategic ally	Aliado estratégico
Strategic Arms Limitation Talks (SALT)	Tratado de Limitación de Armas Estratégicas (SALT)
Strategic Arms Reduction Treaty (START)	Conversaciones sobre Reducción de Armas Estratégicas (START)
Strategic ballistic missile	Misil balístico estratégico
Strategic bomber	Bombardero estratégico
Strategic Defence Initiative (SDI)	Iniciativa Estratégica de Defensa (SDI)
Strategic intelligence (STRATINT)	Inteligencia estratégica (STRATINT)
Strategic missile	Misil estratégico
Strategic nuclear weapons	Armas nucleares estratégicas
Strategic objectives	Objetivos estratégicos
Strategic studies	Estudios estratégicos
Strategy	Estrategia
STRATINT (strategic intelligence)	STRATINT (inteligencia estratégica)
Stray bullet	Bala perdida
Stretcher	Camilla
Strike (attack)	Ataque
Stripe (ribbon)	Galón (insignia militar)
Stun grenade (flash grenade, flashbang, sound bomb)	Granada aturdidora (granada cegadora, flashbang)
Sub-Lieutenant	Alférez de navío
Sub-machine gun (SMG)	Subfusil (metralleta)
Submarine	Submarino
Submarine ship ballistic nuclear (SSBN)	Misil balístico nuclear submarino (SSBN)
Submarine-launched ballistic missile (SLBM)	Misil balístico lanzado desde submarino (SLBM)
Submariner	Submarinista
Submerged (immersed)	Sumergido/a
Submersible Ship Nuclear (SSN)	Buque sumergible nuclear (SSN)
Subordinate	Subordinado/a
Sub-unit	Subunidad
Subversion	Subversión
Suicide attack	Ataque suicida (ataque kamikaze)
Summary trial (summary judgment)	Juicio sumario
Sunken	Hundido/a
Sunken ship	Barco hundido
Superbomber	Superbombardero
Superficial wound	Herida superficial
Supersonic	Supersónico/a

Supersonic jet	Avión supersónico
Supplies	Abastecimiento (suministros)
Supply officer	Oficial de aprovisionamiento
Supply squadron	Escuadrilla de abastecimiento
Suppressive fire (covering fire)	Fuego de supresión (fuego de cobertura)
Supreme Allied Commander Europe (SACEUR)	Comandante Supremo Aliado en Europa (SACEUR)
Surface-to-air missile (SAM)	Misil tierra-aire (SAM)
Surface-to-surface missile (SSM)	Misil tierra-tierra (SSM)
Surprise attack	Ataque sorpresa
Surrender	Rendición (entrega)
Surveillance	Vigilancia
Surveillance balloon (spy balloon)	Globo de observación (globo espía)
Surveillance radar	Radar de vigilancia
Survival	Supervivencia
Survival drills	Ejercicios de supervivencia
Survival kit	Kit de supervivencia
Survival skills	Técnicas de supervivencia
SVR (Foreign Intelligence Service in Russia)	SVR (Servicio de Inteligencia Exterior de Rusia)
Swearing of allegiance to the flag	Jura de bandera
Sword	Espada

T

TAC (Tactical Air Command)	TAC (mando aéreo táctico)
TACCO (Tactical Coordinator)	TACCO (coordinador táctico)
TACP (Tactical Air Control Party)	TACP (Equipo de Control Aerotáctico)
Tactic	Táctica
Tactical	Táctico/a
Tactical Air Command (TAC)	Mando aéreo táctico (TAC)
Tactical Air Control Party (TACP)	Equipo de Control Aerotáctico (TACP)
Tactical ballistic missile (TBM)	Misil balístico táctico (TBM)
Tactical coordinator (TACCO)	Coordinador táctico (TACCO)
Tactical group (TG)	Grupo táctico (GT)
Tactical Leadership Program (TLP)	Programa de Liderazgo Táctico (TLP)
Tactical missile	Misil táctico
Tactical mobility	Movilidad táctica
Tactical nuclear weapons	Armas nucleares tácticas
Tactical operations center (TOC)	Centro de operaciones tácticas (TOC)
Tactical unmanned aerial vehicle (TUAV)	Vehículo aéreo táctico no tripulado (TUAV)
Tactical vest	Chaleco táctico
Tactical weapon	Arma táctica
Tactical withdrawal	Retirada táctica
Tail of an aircraft	Cola de un avión
Take-off (takeoff)	Despegue
Tank (container)	Tanque (depósito, cisterna)
Tank (military tank)	Tanque (carro blindado)
Tank battalion	Batallón de tanques
Tank commander	Jefe de carro
Tank gun	Cañón de carro
Tank turret	Torreta de tanque
Tanker (tanker truck)	Camión cisterna
Tanker aircraft	Avión cisterna
Target (shooting practice)	Diana (blanco de tiro)
Target (objective)	Objetivo
Task force	Cuerpo especial (comando)
Task unit	Unidad de trabajo
Taxiway	Pista de rodaje
TBM (Tactical Ballistic Missile)	TBM (misil balístico táctico)
Team	Equipo
Tear gas bomb	Bomba lacrimógena
TEDAX (Technician Specialist in Deactivation of Explosive Artifacts)	TEDAX (Técnico Especialista en Desactivación de Artefactos Explosivos)
Telecommunications	Telecomunicaciones

Telemeter (range finder)	Telémetro
Telescopic sight (scope)	Mira telescópica
Tent	Tienda de campaña
Terminal High Altitude Area Defence (THAAD)	Defensa de área de gran altitud terminal (THAAD, sistema antimisiles de EE.UU.)
Terrain (land, field, ground)	Terreno (campo, tierra)
Terrorism	Terrorismo
Terrorist	Terrorista
Terrorist cell	Célula terrorista
Terrorist organisation	Organización terrorista
THAAD (Terminal High Altitude Area Defence)	THAAD (defensa de área de gran altitud terminal, sistema antimisiles de EE.UU.)
Theatre of war	Escenario de guerra
Thermal weapon sight	Mira telescópica térmica
Thermobaric weapons (aerosol bombs, vacuum bombs)	Armas termobáricas (bombas termobáricas)
Think tank (research institute)	Think tank (instituto de investigación)
Third World War (World War III)	Tercera Guerra Mundial
This We'll Defend (motto of the U.S. Army)	This We'll Defend (Esto defenderemos, lema del Ejército de los EE.UU.)
Threat	Amenaza
Threatening	Amenazador/a
Throwing weapons	Armas arrojadizas
Time bomb (delayed-action bomb)	Bomba de relojería (de efecto retardado)
Time to clean! (general cleaning)	Zafarrancho de combate (limpieza general)
Tin soldier	Soldadito de plomo
TLP (Tactical Leadership Program)	TLP (Programa de Liderazgo Táctico)
TNT (trinitrotoluene)	TNT (trinitrotolueno)
To accustom to noise	Foguear
To aim at	Apuntar (hacer puntería)
To ally	Aliar
To arm (to supply with arms)	Armar
To armour (to armor)	Acorazar
To arrest	Arrestar
To attack (to strike)	Atacar
To ban	Prohibir
To battle (to combat, to fight)	Batallar (combatir, luchar)
To be off duty	No estar de servicio (no estar de guardia)
To be on duty	Estar de servicio (estar de guardia)
To be on leave	Estar de permiso
To become camouflaged	Camuflarse (mimetizarse)
To besiege (to siege)	Asediar (sitiar)
To betray	Traicionar
To blockade	Bloquear (sitiar)
To blow up (to explode)	Estallar (explotar)
To board (to go aboard)	Embarcar (subir a bordo)

To bomb (to shell, to bombard)	Bombardear
To break the sound barrier	Romper la barrera del sonido
To bridge	Tender un puente
To call-up (to recruit, to conscript)	Llamar a filas (reclutar)
To camouflage	Camuflar (mimetizar)
To camp	Acampar
To capitulate (to surrender)	Capitular (rendirse)
To capture	Capturar
To catapult	Catapultar (lanzar con una catapulta)
To cease fire	Cesar el fuego
To chow down (to eat)	Papear (zampar, comer)
To combat (to battle, to fight)	Combatir (luchar)
To conquer	Conquistar
To counterattack	Contraatacar (contratacar)
To cross a river	Cruzar un río (vadear un río)
To dare	Atreverse
To decock and holster	Desmontar y enfundar una pistola
To decorate (to award)	Condecorar
To defeat	Derrotar
To defend	Defender
To demolish	Demoler
To demoralise (to demoralize)	Desmoralizar
To deploy	Desplegar
To desert (to defect)	Desertar
To destroy	Destruir
To destroy a target	Destruir un blanco
To detach	Destacar
To detect	Detectar
To detect a target	Detectar un blanco
To detonate	Detonar
To die for your country	Morir por la patria
To direct fire	Dirigir el tiro (apuntar)
To discharge	Licenciar
To disembark	Desembarcar
To disobey	Desobedecer
To disperse	Dispersar
To draft	Reclutar
To drop a bomb	Lanzar una bomba (desde un avión)
To eat	Comer
To engage	Enfrentarse (entablar combate)
To enlist	Enrolarse (alistarse)
To escort	Escoltar
To execute (to shoot)	Fusilar
To exile	Exiliar
To explode	Explotar (explosionar)

To fall in	Formarse en filas
To fall out (to leave ranks, to break ranks)	Romper filas
To fire	Disparar (abrir fuego)
To fight (to combat, to battle)	Luchar (combatir)
To fight to the last drop of blood	Luchar hasta la última gota de sangre
To flank	Flanquear
To fly	Volar
To garrison	Guarnecer (acuartelar)
To give first aid	Prestar los primeros auxilios
To go into exile	Exiliarse
To go to the front line	Ir al frente
To go to war	Ir a la guerra
To guard	Hacer guardia
To hide	Esconder (ocultar)
To hit	Hacer blanco (hacer impacto, golpear)
To hover	Planear
To immerse (to submerge)	Sumergir
To impact (to crash into, to collide, to hit)	Impactar
To inspect	Inspeccionar
To intercept	Interceptar
To join the army	Alistarse al ejército
To join the navy	Alistarse a la armada
To keep the peace	Mantener la paz
To land	Aterrizar
To land on a ship's deck	Tomar cubierta
To launch	Lanzar
To launch a missile	Lanzar un misil
To launch an attack	Lanzar un ataque
To load	Cargar
To locate	Localizar
To lower the flag	Arriar bandera
To make peace	Hacer un tratado de paz (firmar la paz)
To march	Marchar
To march (to parade)	Desfilar
To massacre (to slaughter)	Masacrar
To militarise (to militarize)	Militarizar
To mine (to lay mines)	Minar (poner minas)
To misinform	Desinformar
To miss a shot	Fallar un disparo
To mobilise (to mobilize)	Movilizar
To mutilate (to maim, to cripple)	Mutilar
To navigate (to sail)	Navegar
To obey	Obedecer
To open fire	Abrir fuego
To order	Mandar (ordenar)

To pinpoint	Detallar (precisar, localizar, identificar)
To post	Destinar
To prepare	Preparar
To promote	Promocionar (ascender)
To punish	Castigar
To pursue (to chase)	Perseguir (dar caza)
To raise the flag	Izar bandera
To rebuild (to reconstruct)	Reconstruir
To recce (to recon)	Hacer un reconocimiento
To recruit (to conscript, to draft)	Reclutar
To refuel	Repostar (reabastecer)
To repair (to service)	Reparar (revisar, mantener)
To report	Informar (notificar)
To retaliate	Tomar represalias
To retire	Retirarse (jubilarse)
To rise up (to rebel)	Sublevarse (rebelarse)
To sabotage (to scuttle)	Sabotear
To salute	Saludar (hace el saludo)
To serve the country	Servir al país
To set sail	Zarpar (levar anclas)
To shelter (to take refuge)	Refugiarse
To shoot (to fire)	Disparar (tirar, abrir fuego)
To sign a peace treaty (to make peace)	Firmar la paz
To sink	Hundir
To slaughter (to massacre)	Masacrar
To soften up	Ablandar
To spy (to spy on)	Espiar
To stab	Apuñalar
To stand fast	Mantenerse firme
To stand to attention	Estar firmes
To step forward	Dar un paso al frente
To storm (to attack)	Asaltar
To storm the fortress	Asaltar el fuerte
To suffer damage	Sufrir daños
To surface	Salir a la superficie (hacer superficie)
To surrender	Rendirse
To take off	Despegar
To take refuge (to seek shelter)	Refugiarse
To threaten	Amenazar
To tow	Remolcar
To track a target	Seguir un blanco
To train	Entrenar (adiestrar)
To unload	Descargar
To volunteer	Ofrecerse como voluntario/a
To wage a war	Librar una guerra (desatar una guerra)

To wear down the enemy	Desgastar al enemigo
To weigh anchor (to set sail)	Levar anclas (zarpar)
To win (to defeat)	Vencer (ganar, derrotar)
To withdraw	Retirarse (replegarse)
To wound (to injure)	Herir
Tobruk (small, circular, reinforced concrete bunker)	Tobruk (pequeño búnker circular de hormigón armado)
TOC (tactical operations center)	TOC (centro de operaciones tácticas)
Tomb of the unknown soldier	Tumba del soldado desconocido
Top brass (staff, staff officers)	Plana mayor
Top secret	Top secret (alto secreto)
Topography	Topografía
Topside	Cubierta principal
Torpedo	Torpedo
Torpedo tube	Tubo lanzatorpedos
Tour of duty	Turno de servicio
Towing vehicle	Vehículo remolcador
Towing vessel	Buque remolcador
Track	Cadenas (huella de las cadenas)
Tracked vehicle	Vehículo de oruga
Traffic control	Control de tráfico
Trailer	Remolque
Trainer aircraft	Avión de entrenamiento
Training	Entrenamiento (formación, preparación)
Training course	Curso de formación
Training ship	Buque escuela
Traitor	Traidor/a
Traitor to the motherland	Traidor/a a la patria
Transmitter	Transmisor
Transport	Transporte
Transport aircraft	Avión de transporte
Trap	Trampa
Treaty on Conventional Armed Forces in Europe (CFE)	Tratado sobre las Fuerzas Armadas Convencionales en Europa (FACE)
Trench	Trinchera
Trick	Truco
Trigger	Gatillo (disparador)
Trinitrotoluene (TNT)	Trinitrotolueno (TNT)
Troop	Tropa
Troop carrier (troop transport)	Transporte de tropas
Troop movement	Movimiento de tropas
Troop surge	Incremento de tropas
Trooper	Soldado de caballería
Truce (ceasefire)	Tregua
Truck (lorry)	Camión

TUAV (Tactical Unmanned Aerial Vehicle)	TUAV (vehículo aéreo táctico no tripulado)
Tug	Remolcador
Turret	Torreta
Twin-engined aircraft	Avión bimotor
Two-seat aircraft	Avión biplaza

U

U.S. Air force	Fuerza aérea de los EE.UU.
U.S. military	Ejército estadounidense
U.S. Navy	Marina de los EE. UU.
UA (Unauthorized Absence)	UA (ausencia no autorizada)
UAV (Unmanned Aerial Vehicle)	UAV (vehículo aéreo no tripulado)
UCAV (Unmanned Combat Aerial Vehicle)	UCAV (vehículo aéreo de combate no tripulado)
Ultra-high-power laser	Láser de alta potencia
UME (Spanish emergency military unit)	UME (Unidad Militar de Emergencias)
UN Secretary-General	Secretario General de la ONU
Unauthorized absence	Ausencia no autorizada
Unconditional surrender	Rendición incondicional
Uncrewed surface vessel (USV)	Vehículo de superficie no tripulado (USV)
Under siege	Bajo asedio
Undercarriage	Tren de aterrizaje
Undercover	Encubierto/a (infiltrado/a, secreto/a)
Undecover agent	Agente encubierto/a (agente secreto/a)
Underwater drone	Dron submarino
Underwear (undershirt, skivvies)	Ropa interior
Unexploded	Sin explotar
Unexploded bombs	Bombas sin estallar
Unexploded munition (blind)	Munición sin explotar
Unexploded ordnance (UXO, UO)	Municiones no detonadas
UNGA (United Nations General Assembly)	AGNU (Asamblea General de la ONU)
UNHCR (United Nations High Commissioner for Refugees)	ACNUR (Alto Comisionado de las Naciones Unidas para los Refugiados)
UNHCR (United Nations High Commissioner for Refugees)	UNHCR (Alto Comisionado de Naciones Unidas para los Refugiados)
Uniform	Uniforme
Unit	Unidad
United Nations	Naciones Unidas
United Nations General Assembly (UNGA, GA)	Asamblea General de las Naciones Unidas (AGNU)
United Nations High Commissioner for Refugees (UNHCR)	Alto Comisionado de las Naciones Unidas para los Refugiados (ACNUR)
United Nations High Commissioner for Refugees (UNHCR)	Alto Comisionado de Naciones Unidas para los Refugiados (UNHCR)
United Nations military observer	Observador militar de Naciones Unidas
United Nations mission	Misión de las Naciones Unidas
United Nations Protection Force (UNPROFOR)	Fuerza de Protección de las Naciones Unidas (UNPROFOR)
United Nations Security Council (UNSC)	Consejo de Seguridad de las Naciones Unidas (CSNU)

United Stated Navy (USN)	Armada de los Estados Unidos (USN)
United States Africa Command (AFRICOM)	Mando estadounidense para África (AFRICOM)
United States Air Force (USAF)	Fuerzas Aéreas de los EE.UU. (USAF)
United States Space Force (USSF)	Fuerza Espacial de los EE.UU. (USSF)
Unmanned aerial vehicle (UAV)	Vehículo aéreo no tripulado (UAV)
Unmanned combat aerial vehicle (UCAV, combat drone, fighter drone)	Vehículo aéreo de combate no tripulado (UCAV, dron, dron de combate)
Unmanned surface vehicle (USV)	Vehículo de superficie no tripulado (USV)
Unmanned underwater vehicle (UUV, underwater drones)	Vehículo submarino no tripulado (UUV, dron submarino)
UNMO (United Nations Military Observer)	UNMO (observador militar de Naciones Unidas)
UNO (United Nations Organisation)	ONU (Organización de las Naciones Unidas)
UNPROFOR (United Nations Protection Force)	UNPROFOR (Fuerza de Protección de las Naciones Unidas)
UNSAS (United Nations Standby Arrangements System)	UNSAS (Sistema de Fuerzas en Espera de Naciones Unidas)
UNSC (United Nations Security Council)	CSNU (Consejo de Seguridad de las Naciones Unidas)
Unserviceable	Irreparable (inservible)
Until the last drop of blood	Hasta la última gota de sangre
UO (Urban Operations)	UO (operaciones urbanas)
Uprising (revolt)	Sublevación (rebelión)
Uranium	Uranio
Urban operations (UO)	Operaciones urbanas (UO)
Urban search and rescue (USAR)	Equipo de búsqueda y rescate (USAR)
Urban warfare	Guerra urbana
US Coast Guard	Guardia Costera de los EE.UU.
US Marine Corps	Cuerpo de Marines de los EE.UU.
USAF (United States Air Force)	USAF (Fuerzas Aéreas de los EE.UU.)
USAR (Urban Search And Rescue)	USAR (equipo de búsqueda y rescate)
USMC (US Marine Corps)	USMC (Cuerpo de Marines de los EE.UU.)
USN (United Stated Navy)	USN (Armada de los Estados Unidos)
USSF (United States Space Force)	USSF (Fuerza Espacial de los EE.UU.)
USV (Unmanned Surface Vehicle)	USV (vehículo de superficie no tripulado)
Utility knife	Navaja multiusos
UUV (Unmanned Underwater Vehicle, underwater drone)	UUV (vehículo submarino no tripulado, dron submarino)

V

V/STOL (Vertical/Short Take-Off and Landing)	V/STOL (despegue y aterrizaje vertical en corto recorrido)
VA (Department of Veterans Affairs)	VA (departamento de asuntos de veteranos)
VA (vice-admiral)	VA (vicealmirante)
Vacuum bomb (thermobaric weapon)	Bomba termobárica
Vanguard (military force that leads an attack)	Vanguardia (línea avanzada del campo de batalla)
Vehicle	Vehículo
Vertical replenishment	Reaprovisionamiento vertical (VERTREP)
Vertical take-off	Despegue vertical
Vertical/Short Take-Off and Landing (V/STOL)	Despegue y aterrizaje vertical en corto recorrido (V/STOL)
VERTREP (vertical replenishment)	VERTREP (Reaprovisionamiento vertical)
Very High Readiness Joint Task Force (VJTF)	Fuerza de Muy Alta Disponibilidad de la OTAN (VJTF)
Veteran	Veterano/a
Veteran status	Condición de veterano
Vice Admiral	Vicealmirante
Victory	Victoria
VJTF (Very High Readiness Joint Task Force)	VJTF (Fuerza de Muy Alta Disponibilidad de la OTAN)
Volunteer	Voluntario/a

W

Wall (rampart)	Muralla
Walled enclosure	Recinto amurallado
War (warfare)	Guerra
War cabinet	Gabinete de guerra
War crime	Crimen de guerra
War cry (battle cry)	Grito de guerra (grito de batalla)
War drums	Tambores de guerra
War game	Juego de guerra (simulacro de guerra)
War helmet	Casco de guerra
War hero (war heroine)	Héroe de guerra (heroína de guerra)
War memorial	Memorial de guerra
War of extermination	Guerra de exterminio
War of independence	Guerra de independencia
War on terrorism (war on terror)	Guerra contra el terrorismo
War veteran	Veterano de guerra
War weapon	Arma de guerra
Warhead	Ojiva (cabeza explosiva)
Warning order	Orden de alerta (orden preventiva)
Warning shot	Disparo de advertencia
Warrant Officer Class 1	Suboficial mayor
Warrant Officer Class 2 (WO2)	Subteniente (Stte)
Warrior (fighter)	Guerrero/a (combatiente)
Warship	Buque de guerra
War-torn	Destrozado/a por la guerra
Watchtower	Torre de observación (torre de vigilancia)
Water bottle (canteen)	Cantimplora
Weapon	Arma
Weapon arsenal	Arsenal de armas
Weapon System Simulator	Simulación del sistema de armas
Weaponise (weaponize)	Convertir en un arma
Weaponry	Armas (colección de armas, arsenal)
Weapons of mass destruction (WMD)	Armas de destrucción masiva (ADM)
Weapons technology	Tecnología armamentística
Weather forecast	Previsión meteorológica
Weather radar	Radar meteorológico
Webbing	Cincha
Wheeled armoured vehicle	Vehículo blindado con ruedas
Whistleblower (informer)	Delator/a (informante)
White flag	Bandera blanca
Wing (aircraft wing)	Ala (ala de un avión)

Withdrawal	Repliegue
WMD (weapons of mass destruction)	ADM (armas de destrucción masiva)
WO (warrant officer, sergeant major)	Bg. (brigada)
WO1 (Warrant Officer Class 1)	SBMY (Suboficial Mayor)
WO2 (Warrant Officer Class 2)	Stte (Subteniente)
World order	Orden mundial
World power (global power)	Potencia mundial
World war	Guerra mundial
Wound (injury)	Herida
Wounded (injured)	Herido/a
WWI (World War I, First World War)	IGM (Primera Guerra Mundial
WWII (World War II, Second World War)	IIGM (Segunda Guerra Mundial)

X

XO (Executive Officer)	XO (oficial ejecutivo)